Po

Marseille

Page	Commune	Page	Commune
3	MARSEILLE 1er	35	MARSEILLE 16e
4	MARSEILLE 2e	36	MARSEILLE *Centre Historique*
6	MARSEILLE 3e	37	MARSEILLE *Centre*
7	MARSEILLE 4e	38	MARSEILLE *Les Baumettes*
8	MARSEILLE 5e	38	MARSEILLE *Luminy*
9	MARSEILLE 6e	39	Allauch
10	MARSEILLE 7e	40	Allauch *Centre*
11	MARSEILLE 8e	40	La Penne-sur-Huveaune
14	MARSEILLE 9e	41	Plan-de-Cuques
17	MARSEILLE 10e		
19	MARSEILLE 11e		
24	MARSEILLE 12e		
26	MARSEILLE 13e		
30	MARSEILLE 14e		
32	MARSEILLE 15e		

Liste alphabétique des rues, commune par commune

Cartes - Plans - Guides
40 - 48, rue des Meuniers
93108 MONTREUIL CEDEX (FRANCE)
Tél.: 01 49 88 92 10 - Fax : 01 49 88 92 09
w w w . b l a y f o l d e x . c o m

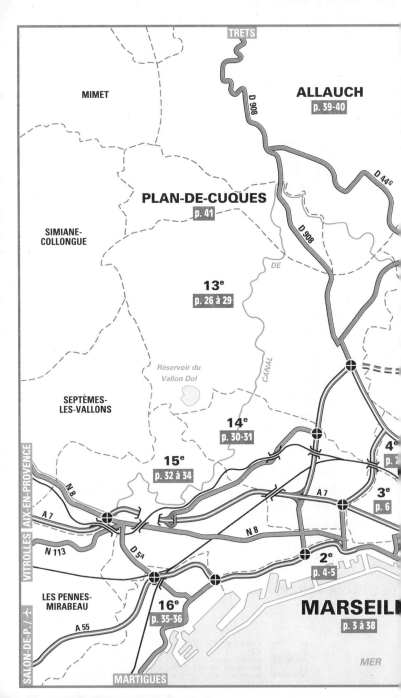

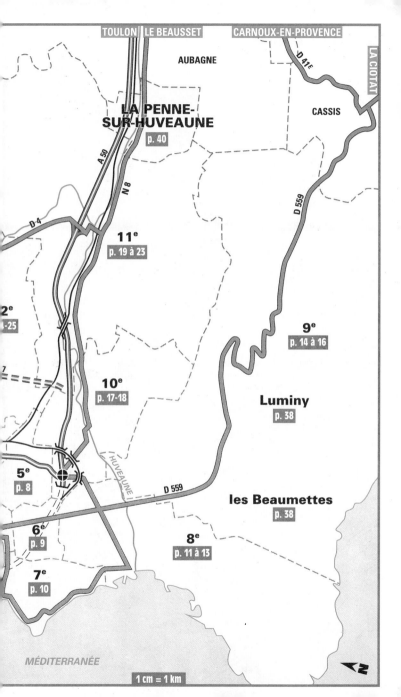

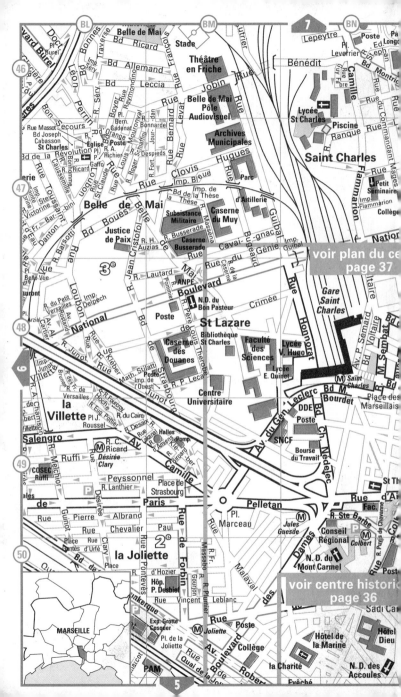

voir plan du ce
page 37

voir centre histori
page 36

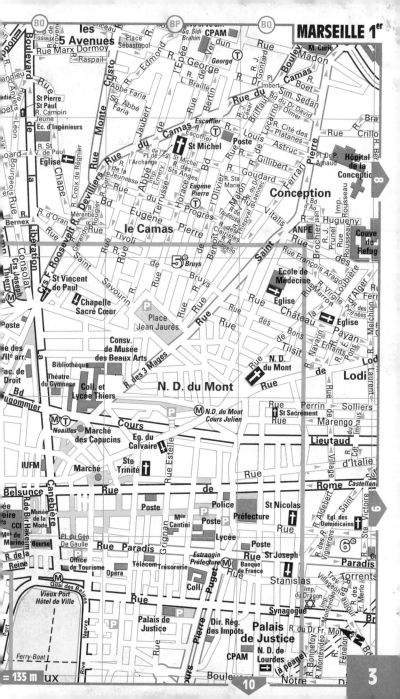

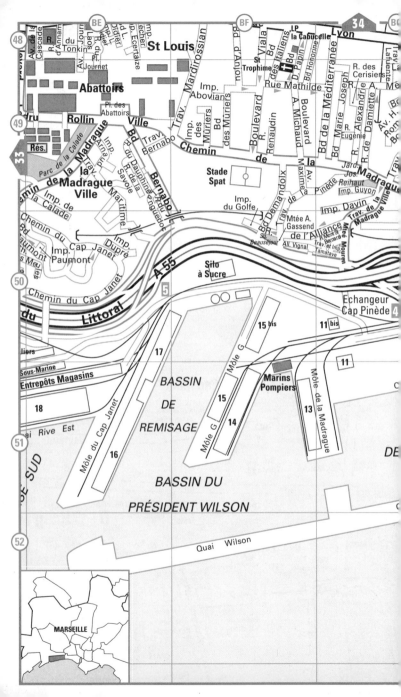

Lyon

Av. de la Cascade
R.
Imp. du Tonkin
Av. d'Annam
Imp. Jouriel
Imp. L.
R. L. Laos
Imp. Didier
Imp. Ecertaize

St Louis

LP la Capucelle
Bd d'Anjou
St Viala
Bd des Italiens
Bd Papa
Bd du Honoré

Imp. Journet
Pl. Journet

Abattoirs

Trav. Mardirossian
St Trophime
Rue Mathilde
R. des Cerisiers

Imp. Abovians
Boulevard Renaudin
Boulevard A. Michaud
Boulevard de la Méditerranée
R. Marie Joseph
R. Alexandrie
R. de Damiette
Av. H.
Rom
Bo

Rollin
Ville

49

Pl. des Abattoirs
R. Eugénie

33

Parc de la Calade
Rés.

Bd Arnavon
Imp. Arnavon
Trav. Bernabo
Chemin de la Madrague
Chemin du Dauphiné
R. de la Savoie
Mar. Maritime
R. du Languedoc

Imp. des Muriers
Bd des Muriers

Madrague Ville
de la

Jard. Jos. Reihaut
Imp. Guyon

Stade Spat

Imp. du Golfe
Av. Maximea
Bd Demandolx
Trav. de la Pinède
Imp. Davin
Mtée de la Madrague Ville

Chemin de la Calade
Imp. de la Calade
Bd Baumont s Meules
Imp. Cap Janet
Imp. Dupré
Imp. Paumont

Mtée A. Gassend
BR Beauséjour
All. Vignal
de l'Alliance
La Mort de Bernard
Trav. et Imp. Tamatave
Mtée Mouren

Chemin du Cap Janet

50

Chemin du Cap Janet
A 55
Littoral
5

Silo à Sucre

Echangeur Cap Pinède 4

liers
Sous-Marine
Entrepôts Magasins

17

15 bis
11 bis

Môle du Cap Janet
Môle G
Môle G
Môle de la Madrague

BASSIN
DE
REMISAGE

18
15
Marins Pompiers
11

Qai Rive Est

16
14
13

51

BASSIN DU
PRÉSIDENT WILSON

DE

SE SUD

52

Quai Wilson

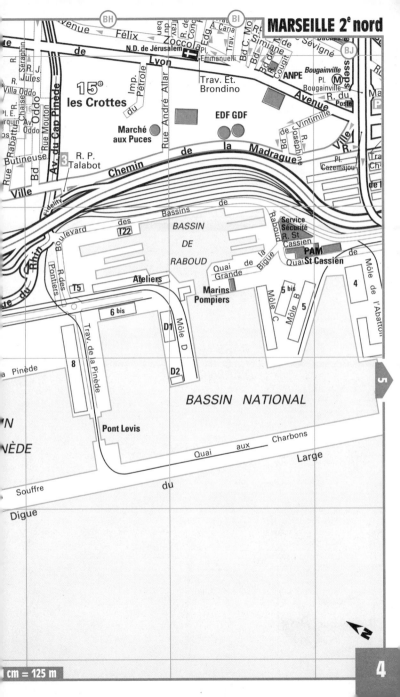

BH
BI
BJ

Avenue Félix
de

N.D. de Jérusalem
Lyon

R. J. Jules
R. Sérapin
R. Villa Ordo
Av. Oddo
P. E. Oddo
Marquin Av. Oddo
Os Rabattu
Butineuse
Rue
Ville

Av. du Cap Pinède
Imp. du Pétrole
de

15ᵉ
les Crottes

Rue André Allar

Zoccola
Pl.
A. Caria
Trav.
Edg
R. de Conc
Emmanuelli

Bd C. Mo
de Simiane
de Sévigné

ANPE

Trav. Et.
Brondino

EDF GDF

**Marché
aux Puces**

Bougainville
Pl. M
Bougainville
R. du
Poste

Avenue

de la Madrague

Chemin
R. P. Talabot
3

de Vintimille
de Joséphine
Pl. R
Cazemajou

Ville
Fidelity

de

Bassins
des
Boulevard
T22

BASSIN
DE
RABOUD

Rue du Rhin
R. des Pontiers
T5

Ateliers

6 bis

Raboud
Service
Sécurité
R. St
Cassien

Quai
Grande
de la Bigue
de

PAM
Quai St Cassien

Môle C
Môle B
5 bis
5

de
Môle de l'Abattoir
4

**Marins
Pompiers**

D1
Môle D

8
Trav. de la Pinède

D2

BASSIN   NATIONAL

la Pinède
'N
NÈDE

Pont Levis

Quai   aux   Charbons
Large

Souffre
du

Digue

5

N

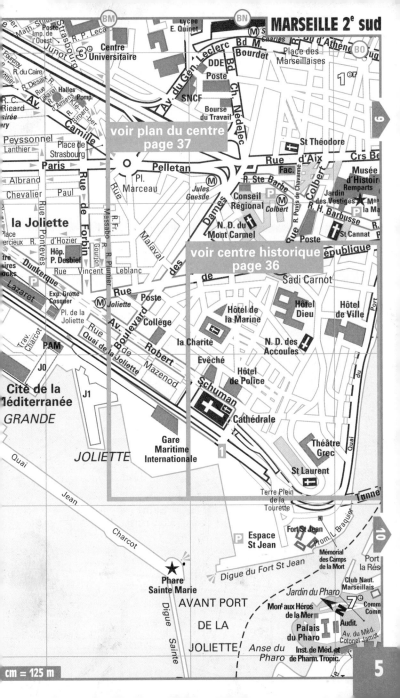

MARSEILLE 2ᵉ sud

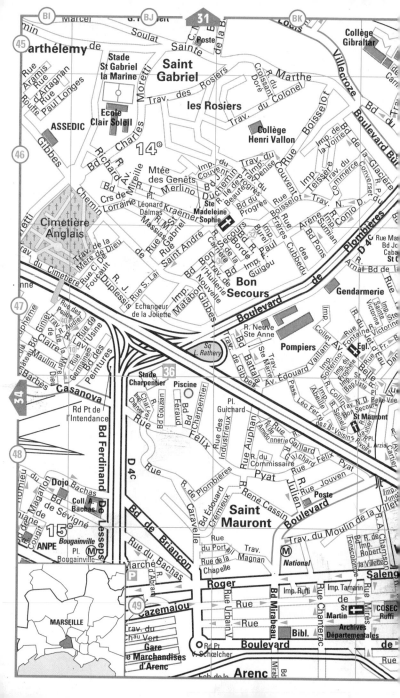

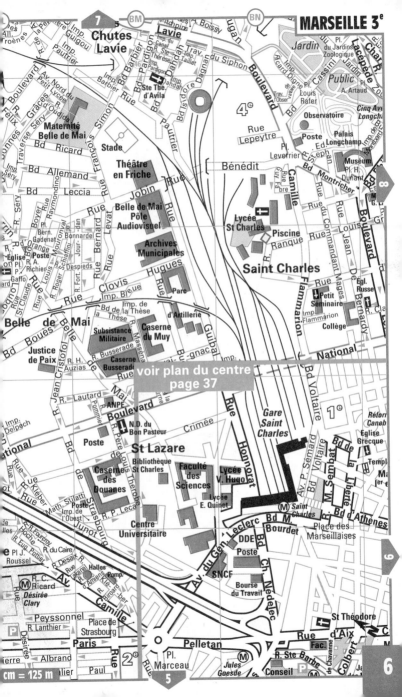

voir plan du centre
page 37

cm = 125 m

6

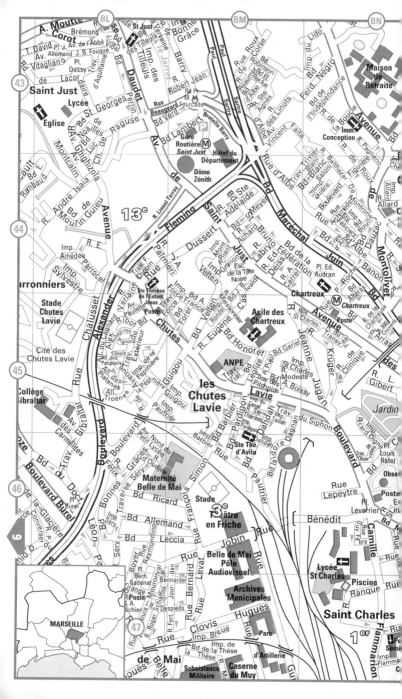

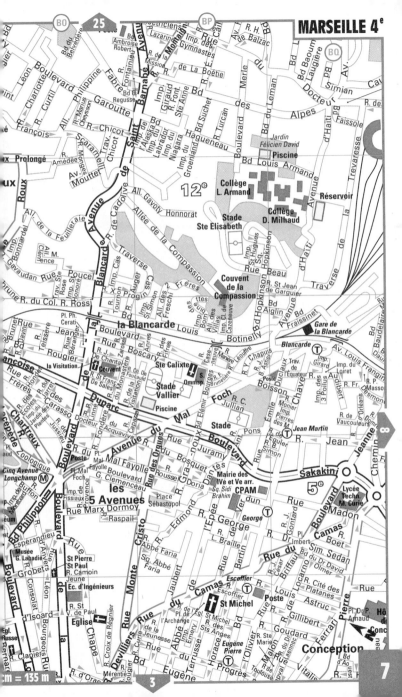

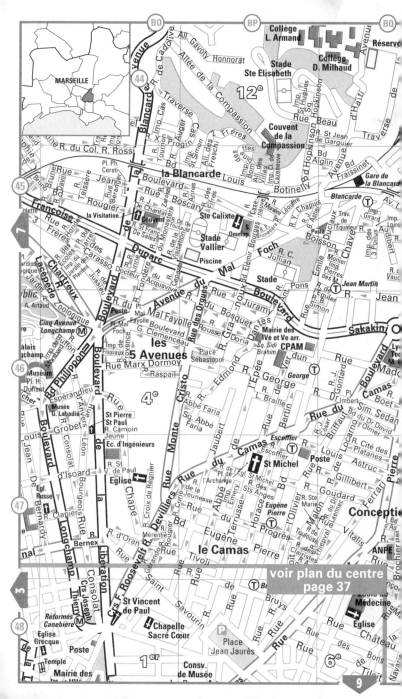

MARSEILLE

BO **BP** **BQ**

Collège L. Armand
Collège D. Milhaud
Réservo

Stade Ste Elisabeth

12e

Couvent de la Compassion

Bd Aiglin
Avenue
Bd Fraissinet

Gare de la Blancarde

44

R. de Cadolive
All. Gavoty Honnorat
Allée de la Compassion

venue
Blancard
Traverse Cas

R. St Jean de Garguier

la Blancarde Louis
Botinelly
Blancarde
Av. L.

45

Françoise

Rue Jean

Boulevard
Rue Boscary

Ste Calixte
S. Omnisp.

la Visitation
Couvent

Stade Vallier
Piscine

Duparc
Mal Foch

R.C. Jullian
Stade

Boulevard
Jean Martin

Jean

46

Cinq Avenue Longchamp **M**

Muséum

Bd Philippon

les 5 Avenues

Avenue du

Boulevard
Rue du Juramy

Mairie des IVe et Ve arr.
Sq. Sidi Brahim
CPAM

Sakakin

Boulevard Mado

Camas

Pl. Mal Foch
Boulevard G. Clemenceau
Rue Marx Dormoy
Raspail

Place Sébastopol

4e

Cristo
Monte

R. George
Verdun

Rue

47

Musée G. Labadié
St Pierre St Paul
R. Camoin Jeune
Ec. d'Ingénieurs

Eglise

Egl. Russe
R. Clapiers
R. de Bernardy

Grobet

Consolat
d'Isoard
Bourgeois

Rue Chape

R. St V. de Paul

Croix de Régnier
Devilliers
Rue
Mérentié

Rue de Camas

Escoffier
Poste
St Michel

Abbé Faria
Sq. Abbé Faria
Bertin
L. Braille

Jaubert

Rue du
Camas

Louis
Carnot
Cité des Platanes
Astruc

Pl. de l'Egl.
R. l'Archange
de la Jeunesse

St Michel
R. des Sts Anges

R. Gilibert
Goudard
Ferrari

Conceptio

Eugène Pierre

Eugène Pierre
le Camas

Progrès
Tivoli

Vitalis
ANPE

3

Crs Joseph Thierry

St Vincent de Paul

Chapelle Sacré Cœur

voir plan du centre page 37

Ecole de Médecine

Eglise
Château

48

Réformés Canebière **M**

Eglise Grecque
Poste
Temple
Mairie des

1er

Consv. de Musée

Chapelle Sacré Cœur

P
Place Jean Jaurès

6e

Rue des Bons

9

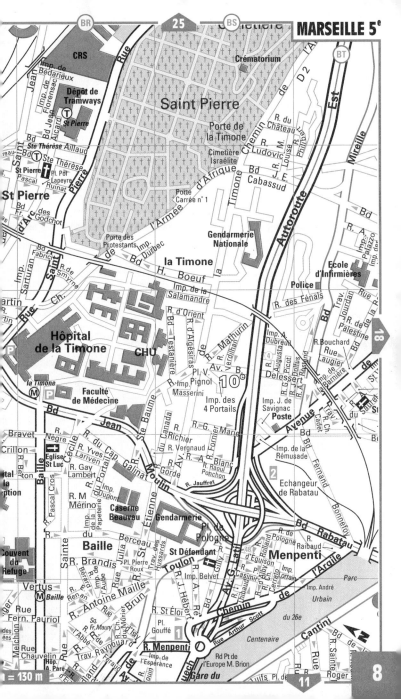

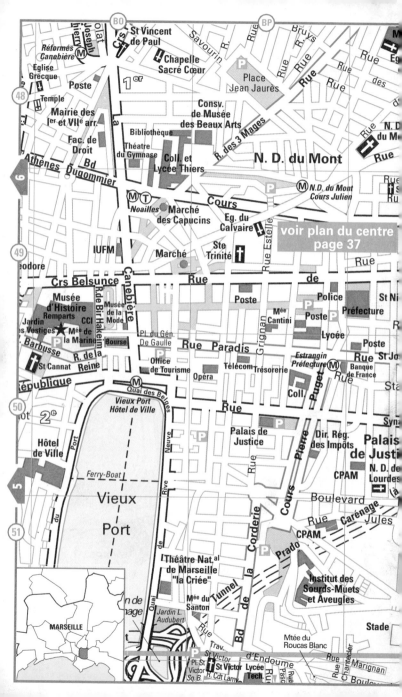

voir plan du centre
page 37

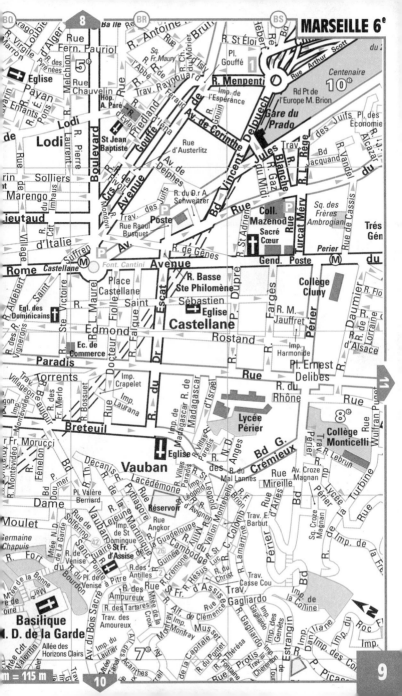

voir plan du
centre page 37

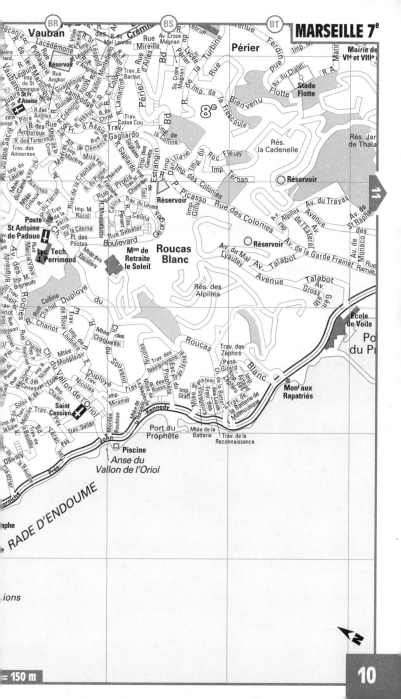

Vauban

Périer

Mairie de VIᵉ et VIIIᵉ

Réservoir

Stade Flotte

Rés. Jar de Thala

Rés. la Cadenelle

Réservoir

Av. du Trayas

St Antoine de Padoue

Réservoir

Roucas Blanc

Mᵒⁿ de Retraite le Soleil

Rés. des Alpilles

Av. du Mal Lyautey

Av. Talabot

Talabot

Lyc. Tech. J. Perrimond

Poste

École de Voile

Roucas

Trav. des Zéphirs

Saint Cassien

Blanc

Mᵗ aux Rapatriés

Port du Prophète

Mtée de la Batterie

Trav. de la Reconnaissance

Piscine
Anse du Vallon de l'Oriol

RADE D'ENDOUME

ions

= 150 m

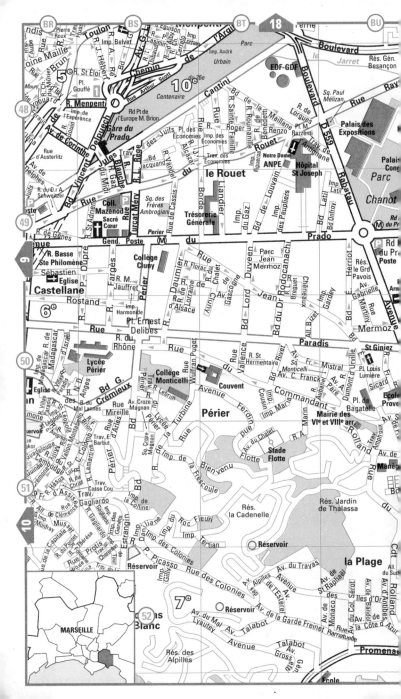

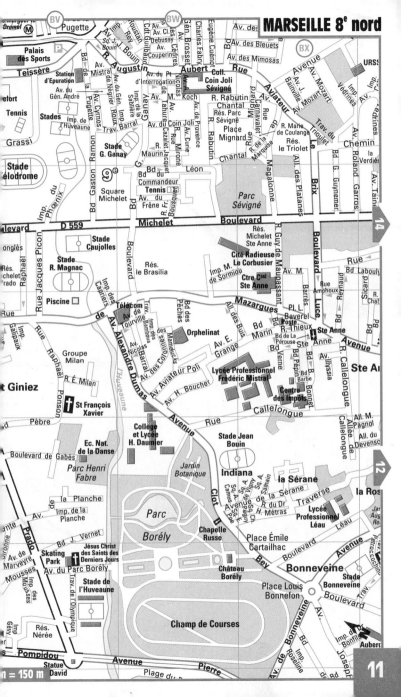

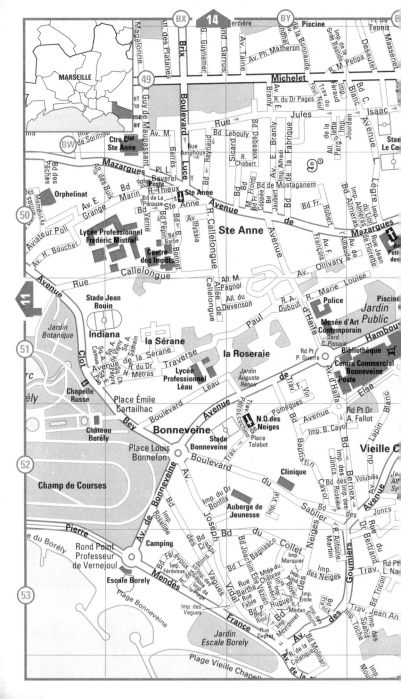

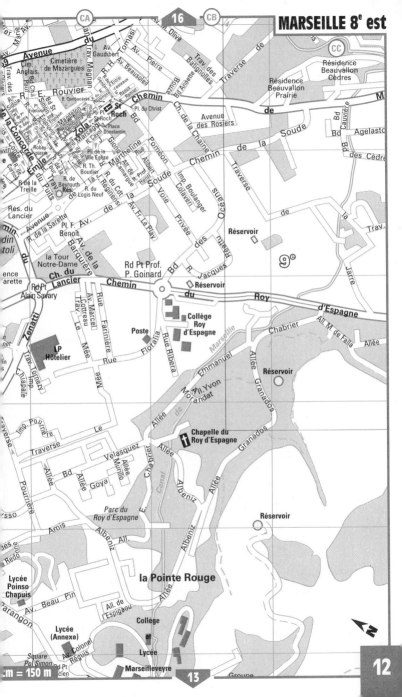

MARSEILLE

Jardin
Escale Borely

Rue Depret

Bd Molinari

R. de la
Calanquine

Av. de la Pointe Rouge

Plage Vieille Chapelle

Plage Pointe Rouge

*Anse de
Vieille Chapelle*

*Anse de la
Pointe Rouge*

Trav. du

Imp.
Mouilles

Imp.
Plantier

Rue du Pin

Av. Lauzier

Bd Richard

Boulevard

Imp.
Mourai

Imp. des
Régates

Pl. J.
Vidal

Imp.
Gallet

Trav.
St Michel

Imp.
Sacoum

Prabit

Trav.
Fach

Rue
Luce

d'Odessa

Trav. des
Néréides

Av.

Bd de
Daut

Bd d'Amphitheta

Av. du P
Montmat

Bd des
Tritons

Prom.
Pl. B.

*Port de
Plaisance
de la
Pointe Rouge*

Bd des
Reinettes

Bd Neptu

Grand

Piscine

Tha
"le (

LES GOUDES

Batterie de la

Fort

Callelongue

Chemin

Pl. M.
Giraud

R. du
Bassin

Imp. de la
Pétanque

**Rte de
Callelongue**

R. de la
Fontaine

Mtée J.
Delrieu

Delaprat

Av. de la
Pétanque

Bd Alexandre Delabre

Rue
La Placette

R. J.
d'Arc

R. du
Louvre

R. Chasseur

Imp. V.
Scotto

Imp.
Colline

Rue des
Bons Voisins

*Port des
Goudes*

Rte de la
Marronnaise

R. D.

R. Pte
prolongée

Pte

CA
CB
CC

Collège
et
Lycée

Marseilleveyre

Groupe
Marseilleveyre

Lycée
(Annexe)

Square
Pol Simon

Av. Colonel
Réguis

Rd Pt
Lucien
Muratore

Traverse
Parangon

Emmaüs

Stade

**Ecole Nationale
de la Marine
Marchande**

Av. du Corail

Piot

Prat

Avenue   du   Corail

Résidence
Port Neuf

Résidence
les Aloades

**Jardin Public
Campagne Pastré**

Canal   de

**Château Pastré
Musée de la Faïence**

Montredon

Lyc. Prof.
des Jeunes
Forestiers

Centre
Equestre
Pastre

Ste Eusébie

Engalière

Poste

Gr. Scol.

**Institut de
Formation
d'Educateurs**

Marseille

de

Bd des Salvens

Bd des Genêts

Grotte

Rolland

Imp. de
Marseilleveyre

Rivage

Av. Miremont

Trav. Moute

Trav. Duffau

Bd Brunet

Trav. et Imp.
du Garde

Bd des
Bagneurs

Imp. du
Rêve

Bd
Colombet

Bd A.
Barthe

Bd de la Bonne Brise

Bd Bonhomme

Imp.
Guérin

Trav. Bronzet

Imp.
Marius

Bd du
Petit Nice

Bd du
Centre

Bd
Panorama

Bd du
Délices

Bd de
Beouveire

Imp. de
la Colline

Bd de
Brazza

de

la

Verrerie

Gr. Scol.

**Stade
Montredon**

Trav. de la
Marbrerie

Imp.
Ramelli

la Madrague

Plage de la Verrerie

Madrague

Pl. de la
Madrague
de Montredon

R. du
Lt. Moulin

R. A. Tibido

R. des Aragdes

Rue
St Roch

Rose

de

les Goudes

**PORT
LA MADRAGUE**

Mont

**Saint
Edouard**

Rose

Bd du Pays

de la
Sablette

N

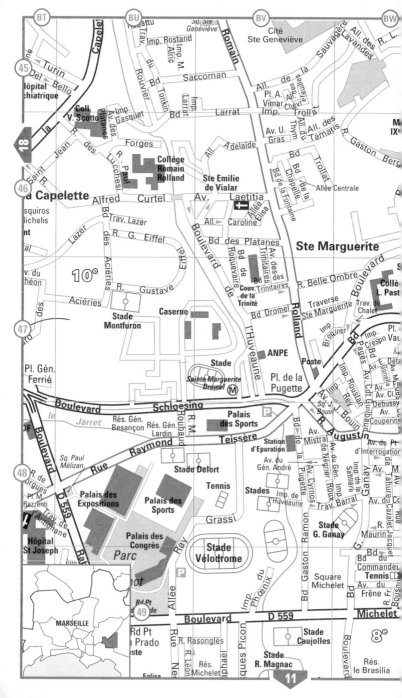

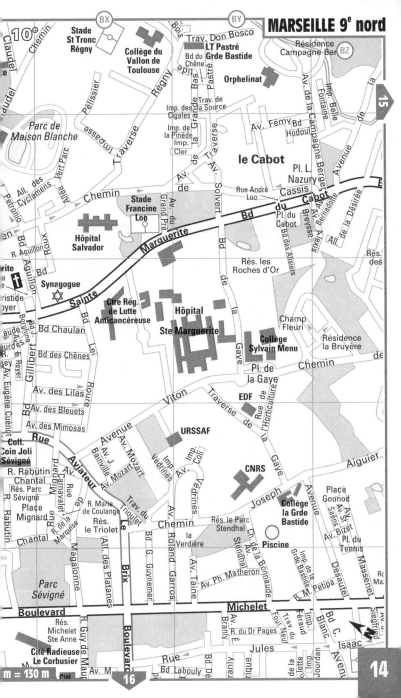

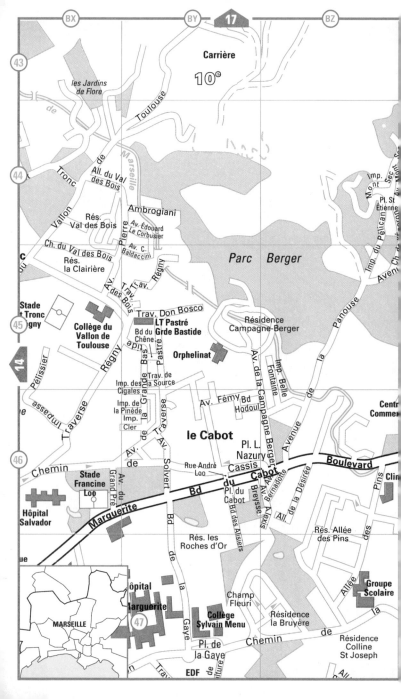

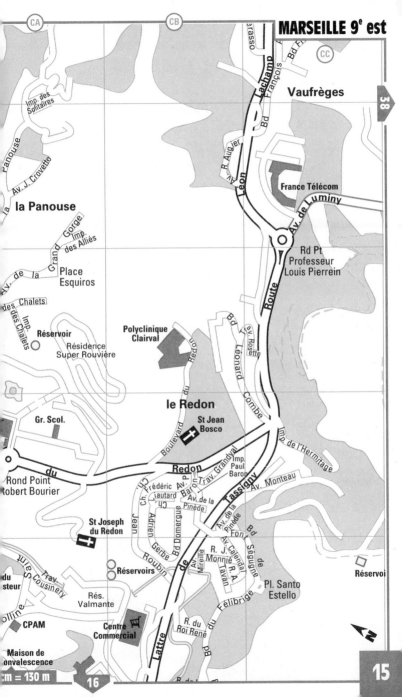

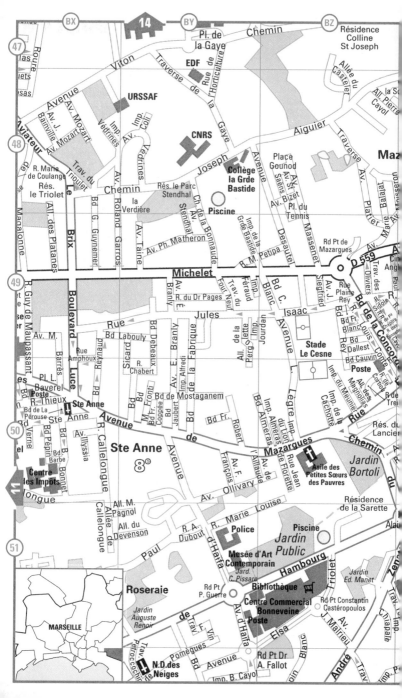

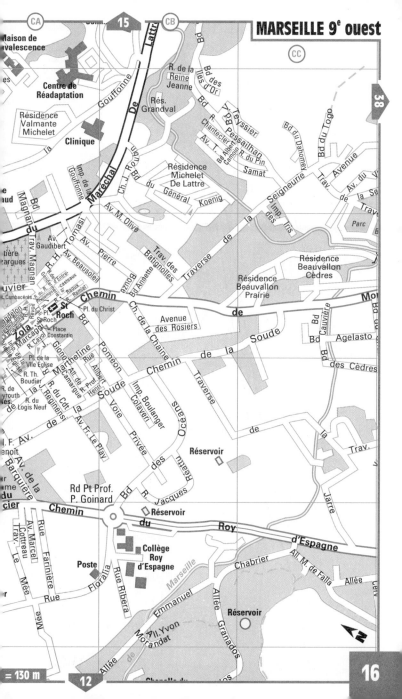

CA
15
CB
CC
38

Maison de
valescence

Centre de
Réadaptation

Résidence
Valmante
Michelet

Clinique

R. de la
Reine
Jeanne

Rés.
Grandval

Bd des
Îles d'Or

Y. Teyssier

Pₐ Pessailhan

Chantecier

Av. T.

Bd Albert Camoin

Samat

R. du Pin

Bd du Dahomey

Bd du Togo

Gouffonne

De Lattr

Maréchal

Imp. de la
Gouffonne

la

Bd
Magnan

Ch. J. Roux
Bd

du

Trav. Magnan

Av.
Gaudibert

R. H. Tomasi

Av.
Bonze

Av. Beausoleil

Av. M. Olive

Av. Pierre

Trav. des
Batignolles

Résidence
Michelet
De Lattre

du
Général

Koenig

Traverse

de

la

Seigneurerie

Imp. des Iris

Av. du V

Av. de la Se
Trav.

Parc

tière
argues

uvier
Cambacérès

Zola
R.
Marcago

Entrée

St
Roch
Pl. du Christ

Ch. de la Chaine

Avenue
des Rosiers

de

Résidence
Beauvallon
Prairie

Résidence
Beauvallon
Cèdres

Mor

Bd Cauvière

Bd
Agelasto

la Soude

Bd
des Cèdres

Pl. de la
VIIe Eglise

R. Th.
Boudier

R. de
yrouth

Marthéline

R. du
de Logis Neuf

Gionoi
R. Camargue
Rue

Poméon

All. du
Rue Prof.
Henri

de

Soude

Av. Fr. Le Play

Imp.
Régimensi

Chemin

de

la

Soude

Imp. Boulanger

Voie

Privée

des

Réatin

Traverse

suceo

Réservoir

de

la

Trav.

N. F. Av.
enoît

Av. de la

Bar
quière

du
cier

Rd Pt Prof.
P. Goinard

Chemin

du

Réservoir

Roy

d'Espagne

Jarre

Poste

Av. Marcel
Cotteau

Rue Farinière

Rue

Floralia

Rue Ribera

Collège
Roy
d'Espagne

Marseille

Chabrier

Emmanuel

Allée Granados

Réservoir

All. M. de Falla

Allée

Trav.
Le

Mée

Rue

Mée

All. Yvon
Morandat

de

N

= 130 m
12
16

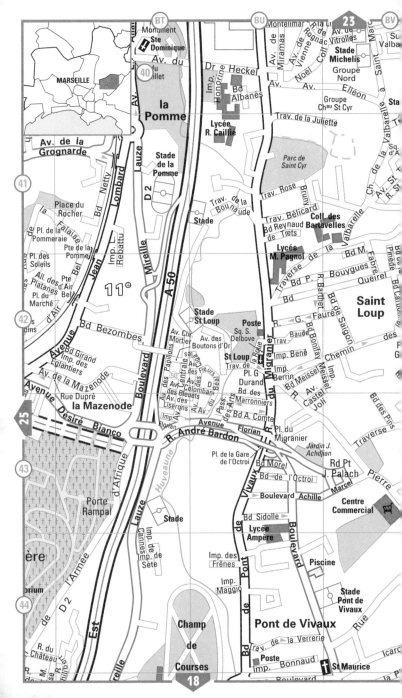

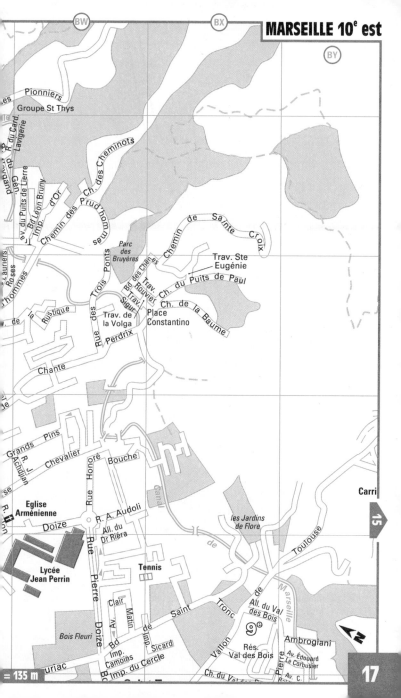

BW

BX

BY

Pionniers

Groupe St Thys

R. du Card. Lavigerie

Bd Léon Bruny

Imp. d'Or

Av. du Puits de Lierre

Chemin des Prud'hommes

Ch. des Cheminots

Chemin de Sainte Croix

Parc des Bruyères

Trois Ponts

Bd des Chênes

Trav. Rouvier

Ch. du Puits de Paul

Trav. Ste Eugénie

Trav. Sigur.

Rue des

Rustique

Trav. de la Volga

Place Constantino

Ch. de la Baume

Perdrix

Chante

Grands Pins

R. J. Achard

Chevalier

Rue Honoré

Bouche

Canal

les Jardins de Flora

Eglise Arménienne

Doize

R. A. Audoli

All. du Dr Riéra

Toulouse

Carri

15

Lycée Jean Perrin

Rue Pierre

Tennis

Marseille

Bois Fleuri

Clair

Av. Matin

Bd de Doize

Imp. Camoins

Imp. du Cercle

Saint

Tronc

Vallon

de

All. du Val des Bois

9ᵉ

Rés. Val des Bois

Ambrogiani

Av. Édouard Le Corbusier

Ch. du Val des B.

Av. C.

N

uriac

= 135 m

17

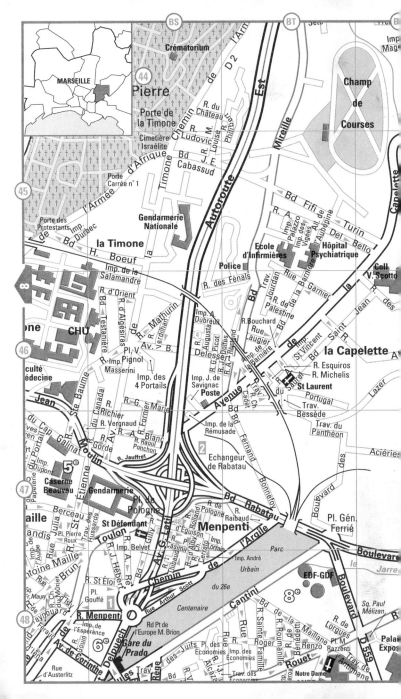

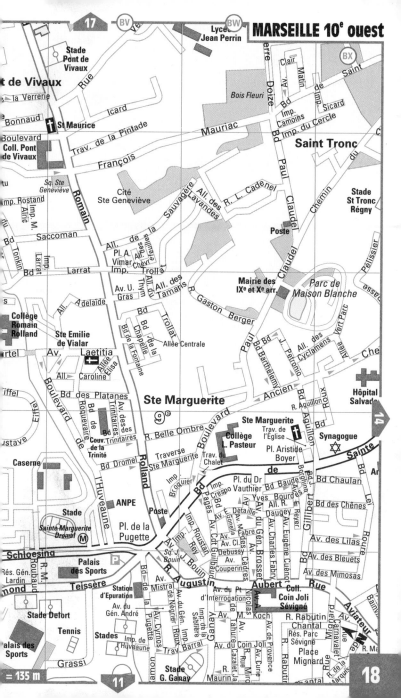

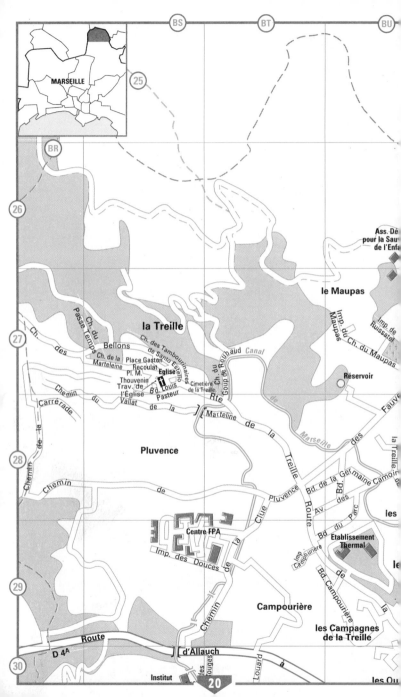

MARSEILLE

Ass. Dé
pour la Sau
de l'Enfa

le Maupas

Imp. du Ch. du Maupas

Imp. de
Ruissatel

la Treille

Ch. du Passe Temps
Ch. des
Ch. des Tambourinaires de Santo Estello
Bellons
Ch. de la
Marteleine
Recoulat
Place Gaston
Pl. M.
Thouvenin
Trav. de
l'Église
Vallat
Église
Bd. Louis
Pasteur
Cimetière de la Treille
Rte

Goup de Roubaud Canal

Réservoir

Chemin du
Carrérade

Chemin de la

Chemin

Pluvence

Marteline de la Treille Route

de Marseille

Fauve

la Treille

Bd. de la Germaine Camoin
Av. des
Bd. du Parc

les

Centre FPA

Imp. des Douces

Crue

de

Pluvence

Imp. Campourière

Établissement Thermal

le

le

Bd. Campourière

Chemin

Campourière

les Campagnes de la Treille

Route

D 4^A

d'Allauch

Institut

les rouges

Lonard

à

20

les Ou

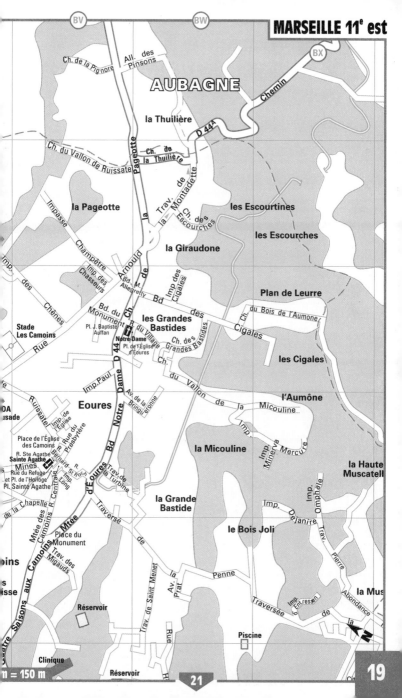

BV · BW · BX

Ch. de la Pignore
All. des Pinsons

AUBAGNE

la Thuilière

D 44A

Ch. du Vallon de Ruissate
Ch. de la Thuilière

Trav. de la Montadette
Ch. des Escourches

la Pageotte

Impasse Champêtre

Imp. des Chasseurs

la Giraudone

les Escourtines

les Escourches

Bd. M. Allegretty
Imp. des Cigales

Arnould de

Plan de Leurre

Bd. du Monument du Village
Pl. J. Baptiste Auffan
Notre Dame
Pl. de l'Église d'Eoures

les Grandes Bastides

Ch. des Grandes Bastides

Bd des Cigales

Ch. du Bois de l'Aumône

Cigales

les Cigales

Stade Les Camoins

Rue des Chênes

Imp. des Chênes

Imp. Paul

D 44

Av. de la Branguaronne

Ch. du Vallon de la Micouline

l'Aumône

Imp. Minerva Mercure

Eoures

Imp. de l'Église
Rue du Presbytère
R. Bernard St Roch

Notre Dame

Bd d'Eoures

la Micouline

la Haute Muscatell

OA usade

R. ruissate

Place de l'Église des Camoins
R. Ste Agathe
Sainte Agathe
Mines
Rue du Refuge
Imp. Long
et Pl. de l'Horloge
Pl. Sainte Agathe

R. du Long
Trav. de la Turbine

la Grande Bastide

Imp. Dejanire

Imp. Omphale
Trav. Pierre

le Bois Joli

oins

s isse

Saisons aux Camoins
Mtée des Camoins R. Centrale
Mtée de la Chapelle

Place du Monument
Trav. des Migauds

la Penne

Av. Prat

Traversée de la

Imp. Entressen

Abondance

la Mus

Réservoir

Trav. de Saint Menet

Rue

Piscine

Clinique

m = 150 m

Réservoir

21

19

BQ
BR
BS

Barbaraou

MARSEILLE

29

Route des Quatre Saisons

Route
D 4A

Institut
des Cigales

Château

Golf

30

ntvieille

ALLAUCH

la Tourache

Bellevue

vue

la Salette

la Salette

31

Chemin de Bellevue

Trav. de la Salette

EDF

39

Botte

32

Chemin des Charmettes

Réservoir

Laurin

Enco de Botte

Vaudran

Traverse Salette

Réservoir

33

Chemin de la Langouste

Cimetière

Nécropole Vaudran

de

Institut
Médico
Pédagogique

10e

Traverse des Marronniers

Réservoir

Vaudran

34

Route

Clinique

Trav. de la Servianne

Guérin

24

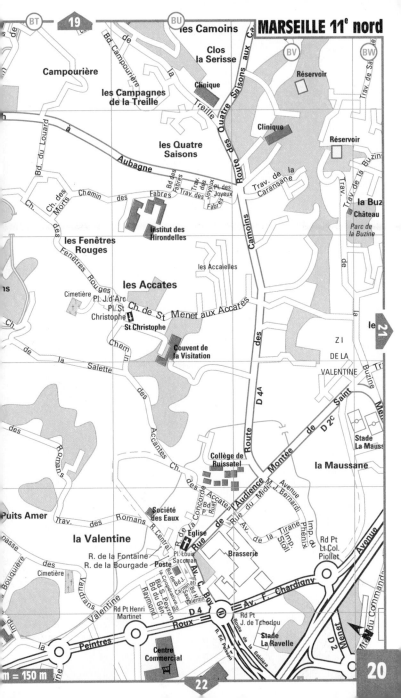

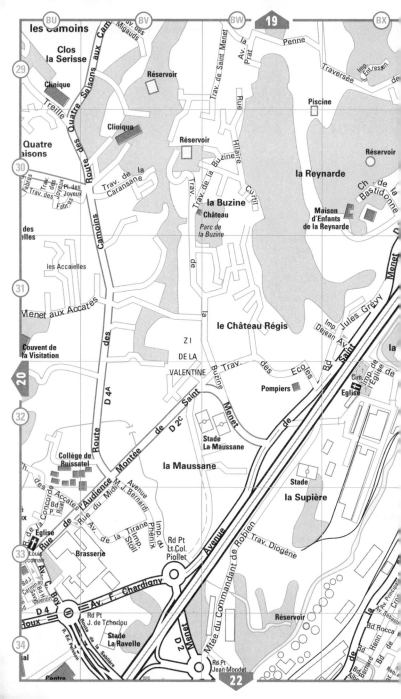

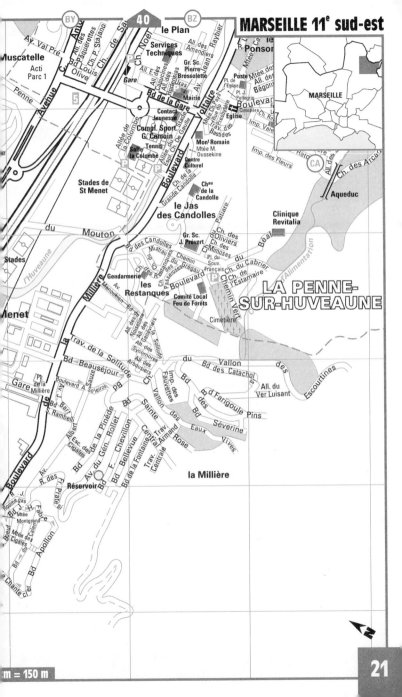

MARSEILLE

LA PENNE-SUR-HUVEAUNE

le Plan

Muscatelle
Acti Parc 1

Services Techniques

Gare

Mairie

Contact Jeunesse

Compl. Sport. G. Camoin

Tennis

Salle la Colombe

Stades de St Menet

le Jas des Candolles

Ch^au de la Candolle

Centre Culturel

Mon^t Romain

Gr. Sc. J. Prévert

Gendarmerie

les Restanques

Comité Local Feu de Forêts

Cimetière

Poste

Église

Clinique Revitalia

Aqueduc

Stades

Menet

Trav. de la Solitude

Bd Beauséjour

la Millière

Réservoir

m = 150 m

21

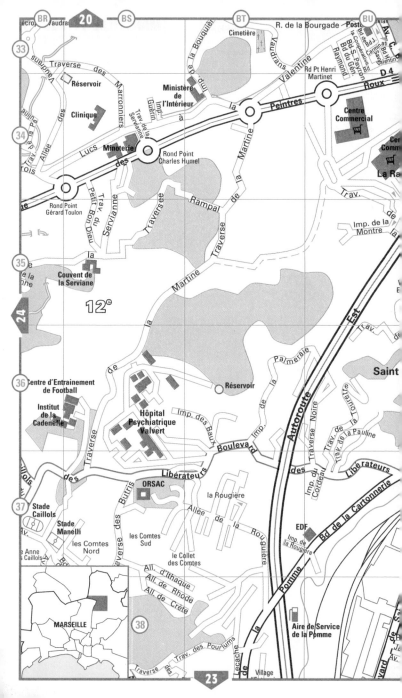

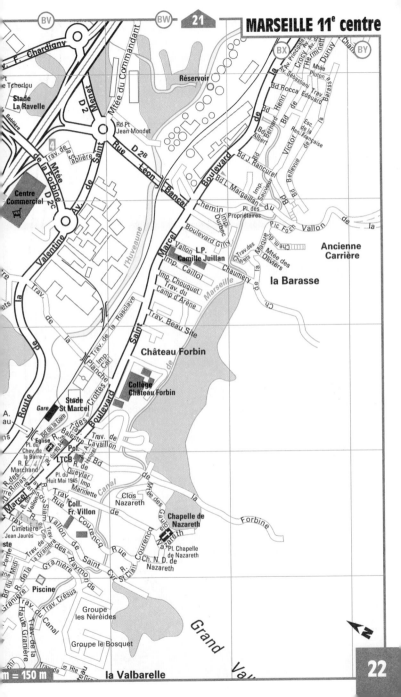

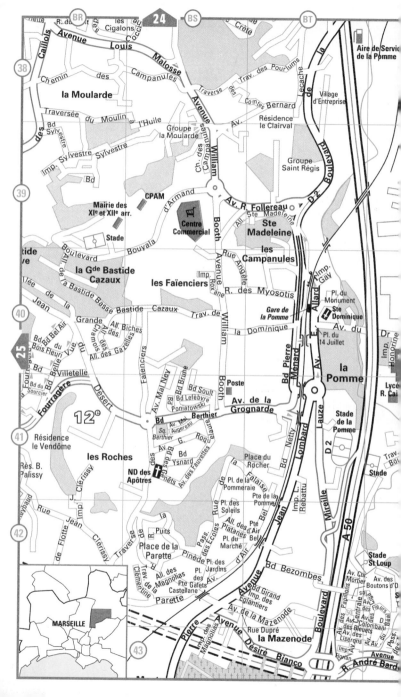

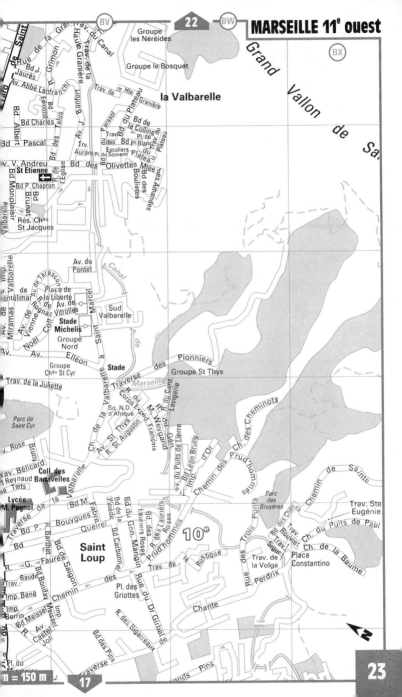

BV
22
BW
BX

Groupe les Néréides

Grand Vallon de Sa

Rue de la Gra
Trav. du Canal
Grimon
Haute Granière
Bd J. Jaurès
Av. Abbé Lanfranchi
Edmond
Trav. de la Hte Granière

Groupe le Bosquet

la Valbarelle

Bd des Talus
Bd Charles
Bd Albert Pascal

Bonifort
Av. J.
Parasol
Travᵉ
Bd de la Colline du Plateau
Pl. du Plateau
Bd pᵗ Blancᵈ
du Platea

Bd Pascal
v. V. Andreu
St Etienne
Bd Monplaisir
Bd P. Chapron
Rés. Chᵃᵘ St Jacques

R. de l'Église
Bd des
Trv. Aurore
Escaliers
Pl. du Souvenir
Olivettes
Mᵗᵉᵉ des Amandes
Bd des Boulistes

Imp. Valbarelle
Bd Brunat

Av. du Pontet
Canal

de
Miramas
Av. de
Av. de la Tarascon
Place de la Liberté
R. de
Rognac
Av. de Vitrolles
Sud Valbarelle

de Montélimar
Av. Vienne
Noël Colt
Stade Michelis
Groupe Nord
Av. Elléon

de

Av.
Groupe Chᵃᵘ St Cyr
Stade
Pionniers
Groupe St Thys

Trav. de la Juliette
Traverse des
Marseille

Parc de Saint Cyr
Sq. N.D. d'Afrique
Ch. de la Valbarelle
Av. St Thys
R. St Augustin
Corps Exped. Français
R. du Gard
R. du Gén. M. Weygand
Lavigerie

Ch. des Cheminots

v. Rose
Brun
Av. du Puits de Pierre
Bd Léon Bruny
Imp. d'Or
Chemin des Prud'hom nes
Parc des Bruyères
Chemin de Sainte

Trav. Bélicard
Coll. des Barravelles
Reynaud
e Trets
Ch. de la Valbarelle
Trav. Ste Eugénie
des Chênes
Bd Rouvier
Ch. du Puits de Paul

Lycée M. Pagnol
Bd M
Bd de la Pinède
Bd du Gén. Mangin
Bd des Lauriers Roses
R. des Lauriers Roses
Trav. des Trois Ponts
Trav. Sigur
Ch. de la Baume

Traverse de la
Bd P.
R. Barthier
R. Bouygues
Queirel
Bd Carbonnel
10ᵉ
R. des Roses
Place Constantino
Trav. de la Volga

Saint Loup
Bd de Saigon
Fabre
Rue du Dr Gibbal de
Trav. de la Rustique
Rue des Perdrix
Chante

R. G. Faurès
Baude
R. Barnier
Bontay
des
Pl. des Griottes
R. des Bigareaux
Pins

Trav.
Imp. Bené
Imp. Berrin
Bd Meissel
Imp. Meissel
Chemin
Av. Castel Joli
Pl. du
Traverse
ds Pins

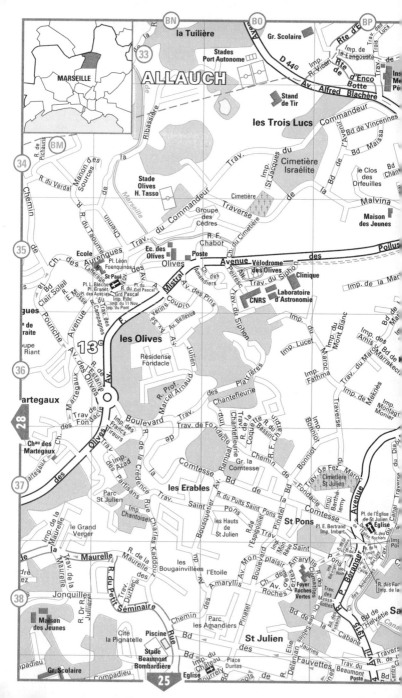

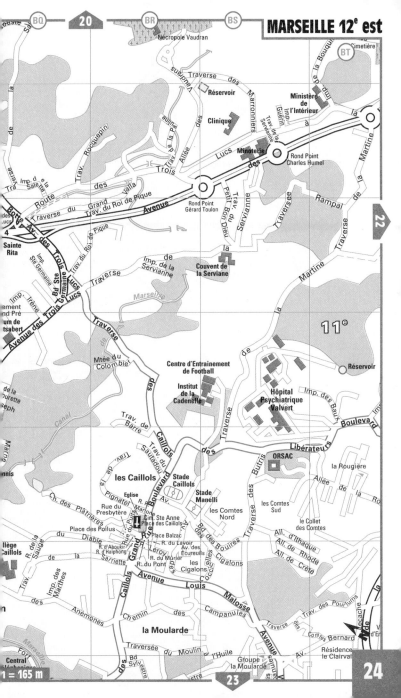

Nécropole Vaudran

Cimetière

Traverse des Vendéens

Réservoir

Ministère
de
l'Intérieur

Clinique

Trav. de la Servianne

Imp. Guérin

à la Bouqui

Trav. Roquepin

Trav. de la Pa

Allée des

Minoterie

Rond Point
Charles Humel

Imp. d. de la
Salette

Route

du

Grand

Valla

Trois

Lucs

Martine

Rond Point
Gérard Toulon

Trav. de

Trav. du Petit Bon Dieu

Trav. du Roi de Pique

Rampal

Sainte
Rita

Bd Ste Germaine

Traverse

Imp. de la
Servianne

Servianne

Traversée

de

la

Martine

Couvent de
la Serviane

Imp.
Irène

ement
nd Pré
um de
tsabert

Bd Ste Germaine des Trois Lucs

Traverse

des

Lucs

Marseille

Avenue des Trois Communs

Traverse

de

Traverse

11ᵉ

Mtée du
Colombier

Caillols

Centre d'Entrainement
de Football

de

Réservoir

de la
ourette
seph

Canal

Institut
de la
Cadenelle

Hôpital
Psychiatrique
Valvert

Imp. des Baux

Boulevard

Marne

Trav. de la
Barre

Trav. du
Sautadou

Traverse

des

Butis

Libérateurs

ORSAC

la Rougière

Allée

de

la

Ro

les Caillols

Stade
Caillols

Stade
Manelli

les Comtes
Nord

les Comtes
Sud

le Collet
des Comtes

nnis

Eglise

R. de la
Sauge

Ch. des Plâtrières

R. Pignatel

Boulevard

Av.

R. Marotte

Trav. des Cigalons

All. d'Ithaque

All. de Rhode

All. de Crête

Rue du
Presbytère

Rue Ste Anne
Place des Caillols

Place Balzac

R. Leroy

Av. des
Écureuils

llège
Caillols

Place des Poilus

du

Diable

de

la

R. d'Aboukir
R. d'Haiphong

R. du Mûrier
R. du Pont

Sarriette

les
Cigalons

Trav.
Caillols

Imp. des
Marthes

des

des

Anémones

Grand

Chemin

Avenue

des

Campanules

Louis

Malosse

Traverse

des

Comtes Bernard

Av.

des Pouzuns

ecacha
de
d'Er

n

la Moularde

Traversée

du

Moulin

Caillols

Bd Syl
estre

l'Huile

Avenue

Groupe
la Moularde

samuel

Résidence
le Clairval

Marseille

Fort

Central
Né

1 = 165 m

Trav. des

BQ 20 BR BS BT

22

23 24

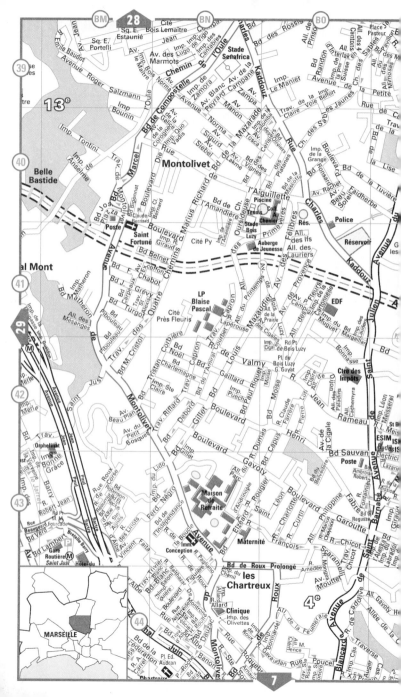

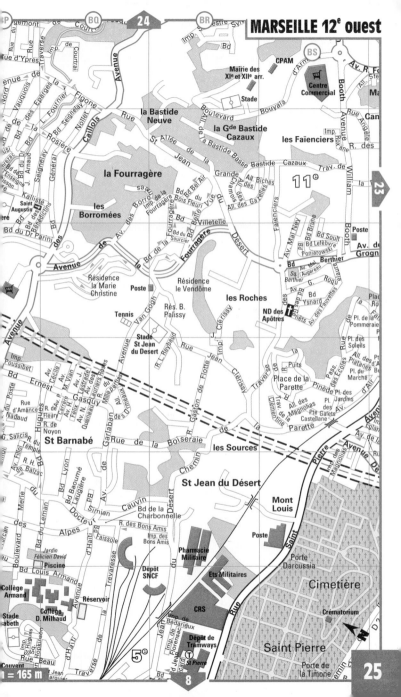

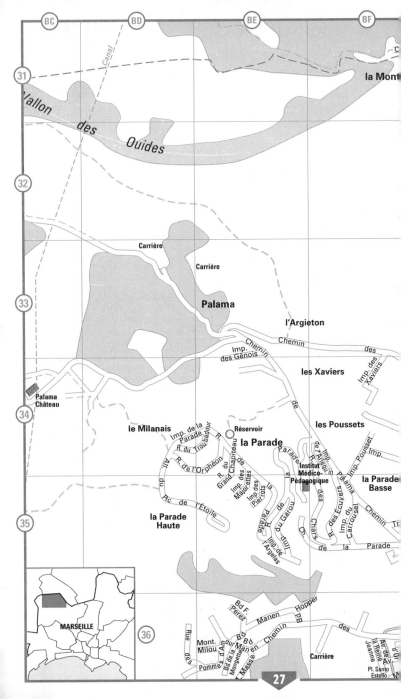

31

la Mont

Vallon
des
Ouides

32

Carrière

Carrière

Palama

l'Argieton

Chemin

Chemin   des

33   Imp.
des Génois

les Xaviers

Imp. des Xaviers

de

Palama
Château

34

le Milanais   Imp. de la
Parade   Réservoir   la Parade
R. du Troubadour   Parade   les Poussets
R. de l'Orphéon   R. du   Imp. de l'Argelin   R. du Palama   Imp. du Pousset   Imp.
Alt. du   R. du   Grand   Chapiteau   de la   Institut
Imp. des   Maucettes   Médico-   la Parade
Ac   de   l'Étoile   Imp. des   Pédagogique   Basse
Pierrots   Chars   R. des Écuyers   Imp. du Carrousel
la Parade
Haute   Imp. de   l'Argelas   Ch.   de   la   Parade   Tr

35   de   du

la Parade

Bd F.
Pérez   Hopper
Manen   pg

rue des   Mont.   Tour Manen   Bd   Chemin   des
Milou   Pommes d'A   Bd de la   Bd   Massé
Carrière   Av. de
la Reine
Jeanne
Av.   d'U
Pl. Santo
Estello   N

36

27

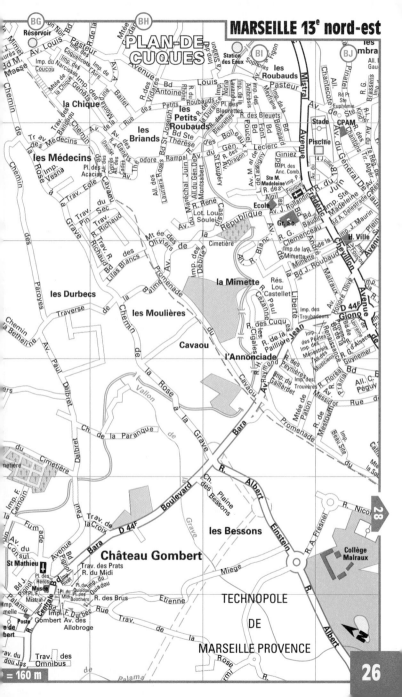

BG
Réservoir

BH
PLAN-DE-CUQUES

BI
Station des Eaux

BJ
les mbra Gau

Av. Louis Masse
Bd M.
Imp. du Narcissesu
Coucou
Mtée de la Chique
Imp. des Genêts
Imp. des Coquelicots
Imp. des Aïre
R. des
Av. A.
Pasteur
Avenue Louis Antoine
Bd Roubauds
R. du Rhône
Sophoras
les Roubauds
Pasteur

la Chique
Trav. des Barres
Chemin
R. de la Roma
Av. des Olmes
Rue des Petits Roubauds
les Petits Roubauds
les Briands
Bd Ste Thérèse
R. des Bleuettes
R. des Bleuets
Bd
Mistral

les Médecins
Imp. Vesna
Av. des Médecins
Chemin de la Rose
Trav. Eglé
Pl. des Acacias
Théodore
Rampal
Av. du Gén. Dép.
Montsabert
Maréchal Juin
Bd Gén.
R. des Dragons
St Exupéry
Leclerc
Giniez
4 Juillet
Stade
CPAM
Piscine

Trav. Pin Sec
R. Richaud
Trav. Richaud R. des Lilas Blancs
Av. René
Lot. Louise Souleil
Ecole
République
Av. J. Rolland
R. des Alpil
Ste M. Madeleine
Fouque
Av. Frédéric
Juin
Imp. Ste Madeleine
H. Ville

les Durbecs
Traverse
Chemin
Mtée des Oliviers
Imp. des Débits
Cimetière
la Mimette
Rés. Lou Castellet
Clemenceau
Imp. de la Mimette
Bd J. Roubaud
Av. Maillaux

les Moulières
Promenade de la Rose
Cavaou
l'Annonciade
R. des Cuqu
R. des Cigales
Paillère Jean
R. de la
R. Raymond
Imp. des Troubadours
Giono
D 44F
Imp. des Poètes
Imp. des Ménestrels
R. d'Alsace
Guyemer

Chemin de la Béthelline
Av. Paul Dalbret
Ch. de la Paranque
Vallon
de
la Rose à la Grave
Bara
Cavaou
Av. des Peymières
Imp. du Gaillardet
Mtée de Paton
Promenade
R. de Mistoufir
Imp. Beau Ste
All. C. Péguy
Rue de

Cimetière
Imp. F. Granoin
Bd
Trav. de la Croix
Boulevard
Ch. Plaine des Bessons
R. Albert
les Bessons
Einstein
R.A. Fresnel
R. Nico

28

Collège Malraux

Av. du Consul
St Mathieu
Pl. des Héros
Musée
Mistral
Palama
Imp. melle
Poste
e de bert
Bd J. Pignol
Imp. Gombert
Château Gombert
Trav. des Prats
R. du Midi
Pl. du Quaidou
Av. des Allobroge
R. des Brus
Etienne
Rue
Trav. de la Rose
Miege
TECHNOPOLE
DE
MARSEILLE PROVENCE

Trav. du dou Jas
Trav. des Omnibus
= 160 m
de
Palama

26

MARSEILLE

Bd F.
Perez
Bd de la
Manen
Bd Hopper
des
Rue
des
Mont.
Milou
Pommes d'Am.
Chemin
Jour
Monpellier
Bd M. Masse
en
Carrière
Av. de
la Reine
Jeanne
Pl. Santo
Estello
Av.
le Mouret
Bd
Bd du
Sarrail
Gén.
Bd Travail
Bd Elisée Petit
Imp. des
Indépendants
Imp.
Cavallino
Bd du
de la
Av.
Bd
Bd du Curie
Centre de
Gérontologie
B. Vergaz
Imp.
Michel
Trav.
de
la
Carrière
de l'Etoile
Grotte
Loubière
de la
Baume
et
Grotte
Loubière
Cent
d'Handi
Chemin
Trav. du
Jas de Serre
Chemin
Ch.
de
Rouss
Serre
des
Rue
des
Prés
Hameau
des Salins
Hameau des
Boutiliers
Canadel
R.-C. de
R. de
l'Escalet
Bd
Meffren
Ch. de la Télévision
Chemin
R. de la
Boiserie
R. de la Gardiette
Ham. de espace
la Pagode
Ham. de
la Garonette
Ham. de
la Nanelle
Grattepaille
Lissandre
R. de la Cra
Grives
Ch.
de
Usine de
Traitement
des Eaux
Groupe
Scolaire
Maisons
d'Enfants
Traverse
Ham. des
4 Vents
Pl. de
Cabas
Imp. des
Agaces
14e
Ch. de
à Fo
H. du
Landier
R. du
Ham. du Mitan
Ham.
des Mas
Capel
Ham. du
Revest
la Batarelle
Imp. Guy
Nemer
Av.
Roland G.
Louis
Carros
R. P.
Marion
Blériot
Imp.
Spinelli
Ch. Valton Femme Morte
R. Lathan
Rue
Guynemer
Ave
Ch. Murmure
des Eaux

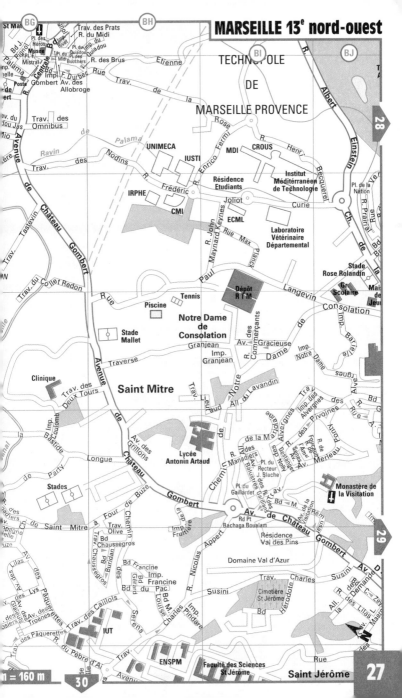

TECHNOPOLE DE MARSEILLE PROVENCE

St Mat
BG
BH
BI
BJ

Bd J.
Rigol
Pl. des Héros
Trav. des Prats
R. du Midi
Imp. du Quiadou
Quiadou

Musso
Imp.
Pl. du Midi
Imp. F. Durbec
R. des Brus
Etienne
Rue

Palama
Pl.
Mistral
R. des Boubiers
Rue
Gombert
Av. des Allobroge

28

de
Trav.
de
la

Poste
de
ert

Av. du Jou Jas

Trav. des Omnibus

de

Ravin

Palama

Rose
R.
Henri

Albert
Einstein

Ch.
de

Trav.
des
Nodins

UNIMECA
R.
Enrico Fermi

MDI
CROUS

Bequerel

Pl. de la Nation
R. de Ya
R. Prairial
Bd

IUSTI
IRPHE
Frédéric
Résidence Etudiants
Institut Méditerranéen de Technologie

Chateau Gombert

Tastevin
Rue

CMI
Joliot
Curie

Trav. du Collet Redon

R. John Maynard Keynes
ECML
Laboratoire Vétérinaire Départemental

N

Rue
Paul
Rue Max Planck
Langevin

Stade Rose Rolandin
Gr. Scolaire
Mai de Jeu

Piscine
Tennis
Dépôt RTM

Consolation
Imp. Bare
R. le

Stade Mallet
Notre Dame de Consolation
Av. des Commerçants

de
Dame

Granjean
Imp. Granjean
Gracieuse
Imp. Notre Dame

Trav.
Traverse

Clinique
Trav. des Deux Tours

Saint Mitre

Av. de Chateau Gombert

Trav. Lieutaud
Notre
All. du Lavandin

Trav. des Alvergnes
Imp. des Alvergnes
R. des Pivoines
Bd
R. A

Imp. Caulont
Bastide
Longue
Av. des Grillons
de la Ma

Trav.
des

de
Alvergnes
R. de
Merleau

de Party
Bd Chaussegros

Fou

Lycée Antonin Artaud
Chemin
Aides Manadiers
Pl. du Recteur J. Blache
R. Amal
Squase
Av. Noves

Monastère de la Visitation

Stades
Ch. de Saint Mitre
Four de Buze
Chemin
Trav. Olive
Pl. du Gaillardet
Bd
M. la

R. des Grém
Imp. de la

Lilas
des
Trav. Chaussegros
Bd Burdan
Imp. Fruitière
Rd Pt Bachaga Boualam
Av. de Chateau Gombert
D.

Bd Francine
Imp. Francine
Nicolas Appert

Résidence Val des Pins
Susini

Av.

29

des
Paquerettes
Bd du Pac
Bd Gérard
R. Charles Pindare

Domaine Val d'Azur
Trav. Charles

Susini

All. des Lilas la
C

des Lys
Trav. des Caillols
R. Serens
Louise

Cimetière St Jérôme
Hérodote

Lilas
Av. des
R. du Pèbre d'A
IUT
Trav.

Bd

des Pâquerettes

ENSPM
Faculté des Sciences St Jérôme
Rue
Saint Jérôme

27

n = 160 m
30

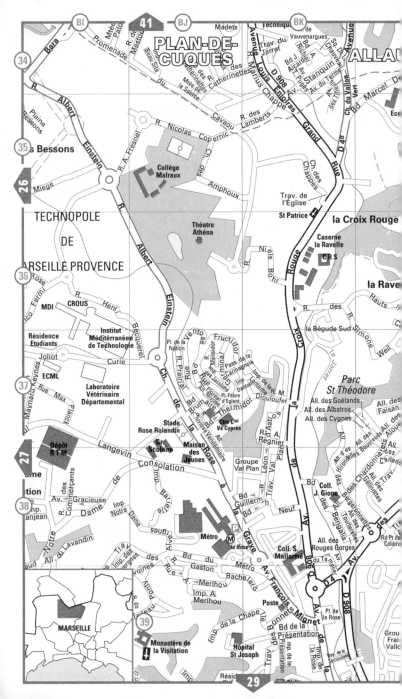

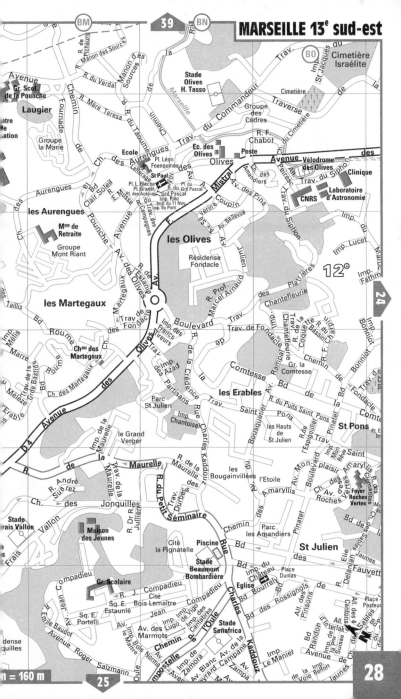

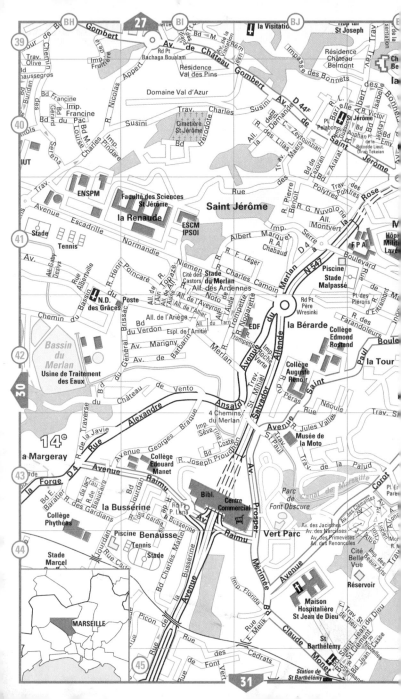

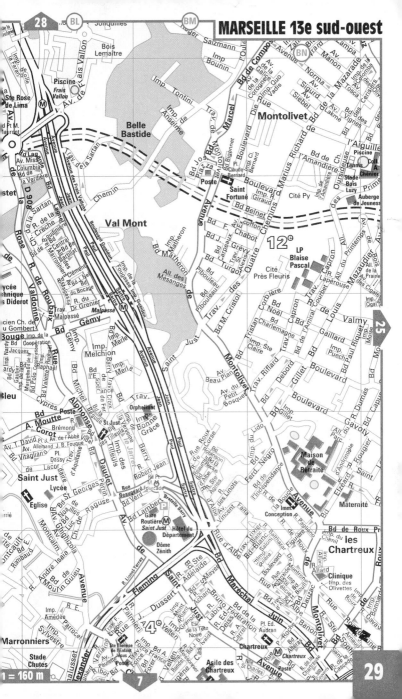

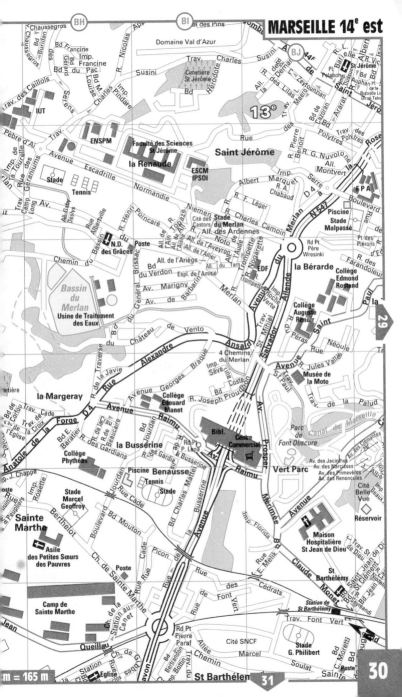

BH
BI
BJ

Chaussegros
Bd Francine
Imp. du Pac
Francine
Bd Gérard
Bd Buridan
R. Nicolas
All. des Pins
Domaine Val d'Azur
Trav. Charles
Susini
Charles Pindare
Cimetière St Jérôme
Trav. Théodore Herodiade
Susini
44F

St Jérôme
Pl. Barielle
Bd Albert
Trav. Vic
Pélabon
Bd Ed.
Auphan
All. des Lilas
Rotonde de la
Dirar Teke

IUT
Pébre d'Al
Trav.
Camp Long Av.
Serens
Bd des Caillols
Trav. des Caillols

13ᵉ

Rue
R. R. G. Nuvolone
All. Montvert

ENSPM
Escadrille
Avenue
Imp. de la Tourelle
Rue des Géraniums

Faculté des Sciences
St Jérôme
la Renaude
ESCM IPSOI

Saint Jérôme
R. Pierre Benoit
R. F. Léger
Imp. Serre
Trav. des Polytres

Normandie
Albert Marquet
R.A. Chabaud
Boulevard
Merlan
N 547
FPA

Stade
Tennis
R. Henri Poincaré
R. Albertville
Niemen
Cité des Castors
Stade du Merlan
All. des Ardennes
R. Charles Camoin
All. de l'Ain
All. de l'Aisne
Noto
All. de l'Aveyron
All. de l'Aller
Trombette
Noparette
Imp. Roche Verte

Piscine
Stade Malpassé
Pl. des Piérons

N.D. des Grâces
Poste
Chemin du
Bassin du Brissac
EDF
Bd du Verdon
Espl. de l'Amitié
Av. Marigny
Av. de Barbatre
All. de l'Ariège
All. du Tarn
Avenue du Merlan
Trombette
Av. de Allende

la Bérarde
Collège Edmond Rostend
R. des Farandouleï

Bassin du Merlan
Usine de Traitement des Eaux

Château
de Vento
St Michel
Av. de Péras
Rue
Collège Auguste Renoir
Saint

29

Alexandre
Rue
Av. de la Traverse
Braque
Ansaldi
St Salvator
Néoule

4 Chemins du Merlan
Imp. Sève
Trav. de la Forge
Avenue Georges
Avenue
R. Joseph Proudhon
Bd Coste
Av. St Paul
Musée de la Moto
Avenue R. Jules Vallès
de la Palud

la Margeray
Collège Edouard Manet
Raimu
R. Jourdan
Bibl.
Centre Commercial
Av. Prosper
Parc de Font Obscure
Canal de Marseille

la Busserine
Trav. de Cade
Bd de Corton
Rue de l'Église
Trav. de la Croix
Bd E. Baratier
R. des Gardians
R. de la Croix
Rau Beaucaire
P. Lana
Rd Pt P. Lana
R. Busserine
R. Gardia
Raimu
Vert Parc
Av. des Jacinthes
Av. des Narcisses
Av. des Primevères
Av. des Renoncules
Cité Belle Vue
Réservoir

Collège Phythéas
Piscine Benausse
Tennis
Stade
Bd Charles Matte

Sainte Marthe
Stade Marcel Geoffroy
Berthelot
Boulevard Bd Mouton
Rue Cade
Maison Hospitalière St Jean de Dieu
Trav. St de Dieu

Asile des Petites Sœurs des Pauvres
Picon
Poste
Ch. de Sainte Marthe
Busserine
Imp. Florica
Rue
St Barthélémy
Claude Monet
R. E. Melik

Camp de Sainte Marthe
Rue de la Station au Canet
Rue de Font Vert
des
Cédrats
Station de St Barthélémy

Jean
Queillau
Ch. de Gyptis
Église
Rd Pt Pierre Paraf
Cité SNCF Marcel
Trav. Font Vert
Stade G. Philibert

m = 165 m
31
St Barthélem
Soulat
30

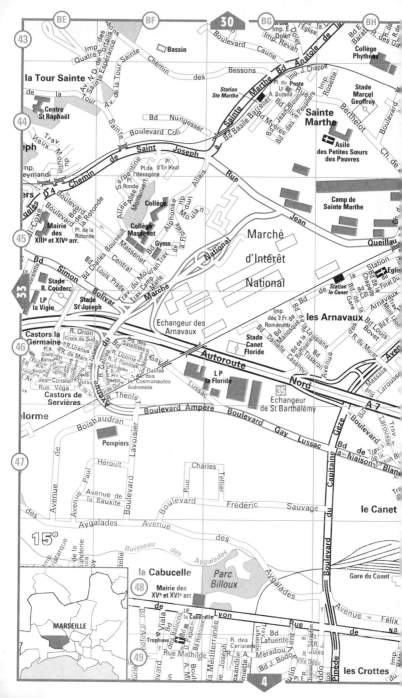

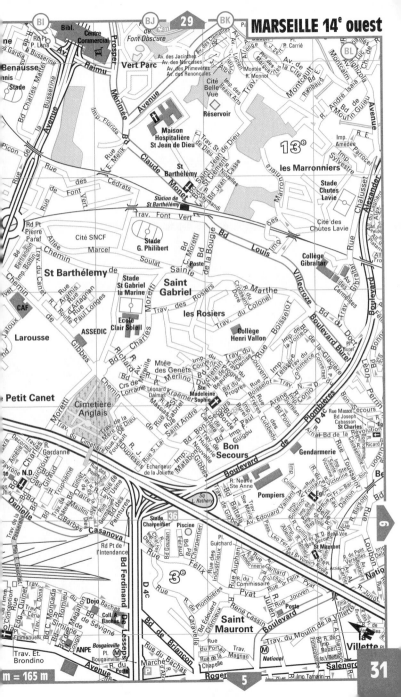

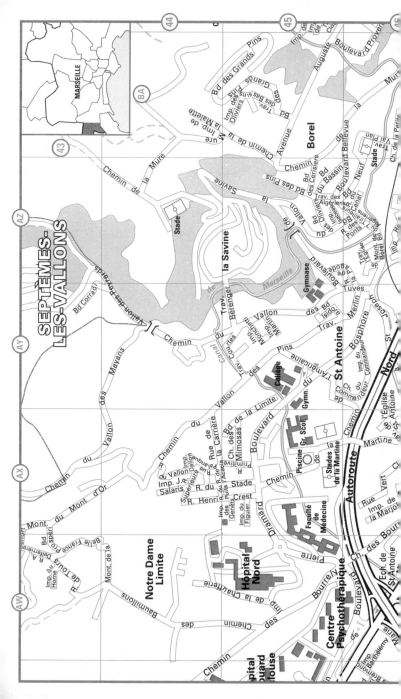

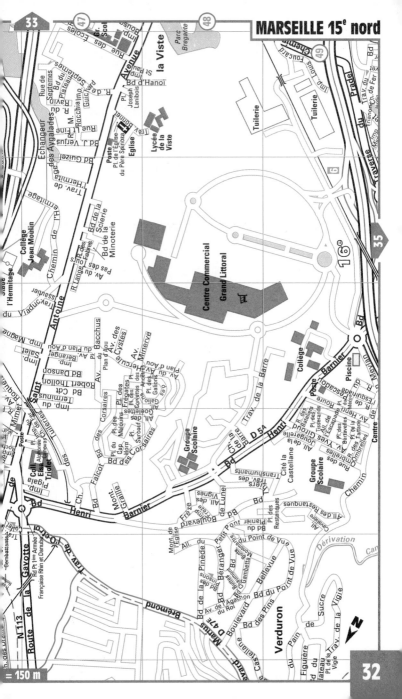

= 150 m

Parc Bregante

la Viste

Avenue

Bd d'Hanoï

St Louis

Pl. Joseph Lanibois

Tuilerie

Tuilerie

Tuilerie

Pradel

Bd Louis Chemin

Rue des Écoles

Rue de Septembre

Bd du Plateau

R. d. Rocchamp

Rue M. Vitrine

Poste

Pl. de l'Église du Père Spinoza

Église

Lycée de la Viste

Bd Guizel

Trav. de l'Hermitage

Chemin de l'Hermitage

Bd de la Scierie

Bd de la Minoterie

Collège Jean Moulin

Stade l'Hermitage

Trav. du Viaduc

Av. du Plan d'Aou

Av. Béranger du Plan d'Aou

Av. des Cystes

Plan d'Aou

Av. du Mercure

Av. Minerve

Centre Commercial Grand Littoral

Collège

Piscine

Barnier

Poste

Antoine

Saint

Imp. Salet

Imp. Magne

Av. Rogue

Av. Mimet

Bd Dansor

Bd Cdt Robert Thollon

Imp. du Terminus

Av. des Corsaires

Pl. des Corsaires

Bd des Corsaires

Pl. du Gap.

Malduini

Pl. du Gap. Horri

Pl. des Frégates

Pl. des Goyettes

Pl. des Surouf

Pl. des Galions

Pl. des Gallions

All. des Corvettes

Groupe Scolaire

Bd Ch. Barre

Trav. de la Barre

D 54

Henri

Poste

Pl. Alphonse

Imp. Pigala

Coll. Esprit Tridet

Ch. Montée Graille

Bd Barnier

Henri

Route de la Gavotte

N 113

Bd 1ère Armée Française Rhin et Danube

Brémond

Menus

D 47E

Mont. de l'Église

Bd Béranger

Bd de la Pinède

Pont du Planier

Bd du Point de Vue

Bd Av. Agachon du Roi

Bd Chambette

Bellevue

Bd du Point de Vue

Bd des Pins

Verduron

Bd de la Vigie

Boulevard

Pl. de la Trav. de la Vigie

Castellane

Figuière

Sucre

Pain

Derivation

Cité la Castellane

Trav. des Transhumants

All. de la Jouquerelle

Av. Yves Giroud

Rue des Ombrelles

Chemin

Groupe Scolaire

All. des Restanques

All. Cavalier

Pl. des Restanques

16ᵉ

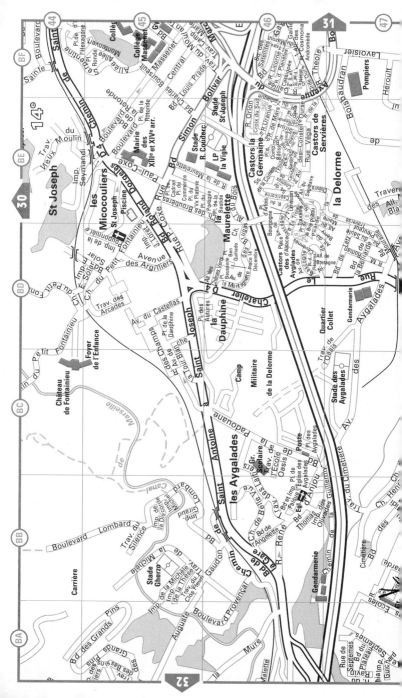

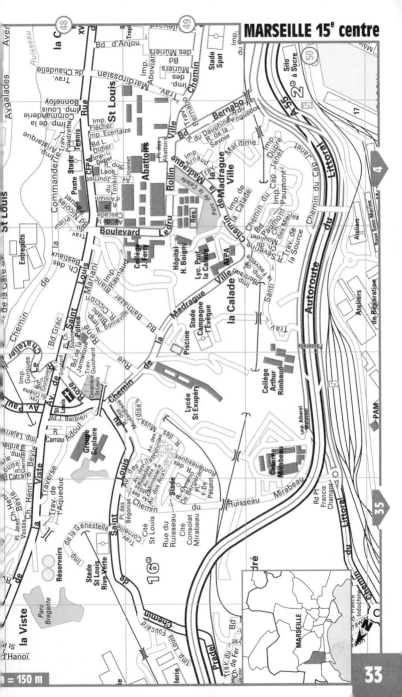

1 = 150 m

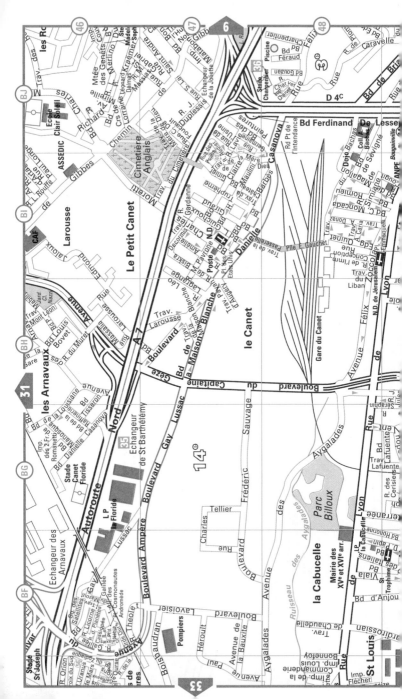

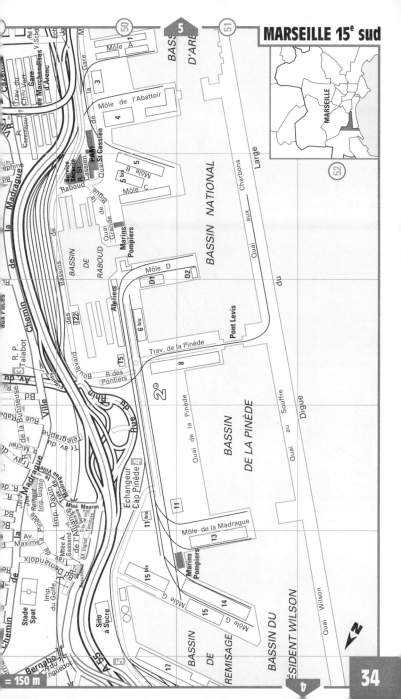

Môle A

BASSIN D'ARE

MARSEILLE

Môle de l'Abattoir

Quai St Cassien

PAM

Service Sécurité R. St Cassien

Raboud

Môle B

Môle C

BASSIN NATIONAL

Quai aux Charbons

Quai du Large

Quai de la Grande Bique

Marins Pompiers

BASSIN DE RABOUD

Môle D

Ateliers

T22

6 bis

Pont Levis

Trav. de la Pinède

R. des Pontiers

T5

8

2ᵉ

Quai au Souffre

Quai de la Pinède

BASSIN DE LA PINÈDE

Digue

Echangeur Cap Pinède

Mtée Mouren

11 bis

11

Môle de la Madrague

13

Marins Pompiers

15 bis

Môle G

15

14

BASSIN DE REMISAGE

17

BASSIN DU PRÉSIDENT WILSON

Quai Wilson

Silo à Sucre

Stade Spat.

Imp. du Golfe

Bd Demandoix

Av. Maxime

Bernabo

A 55

= 150 m

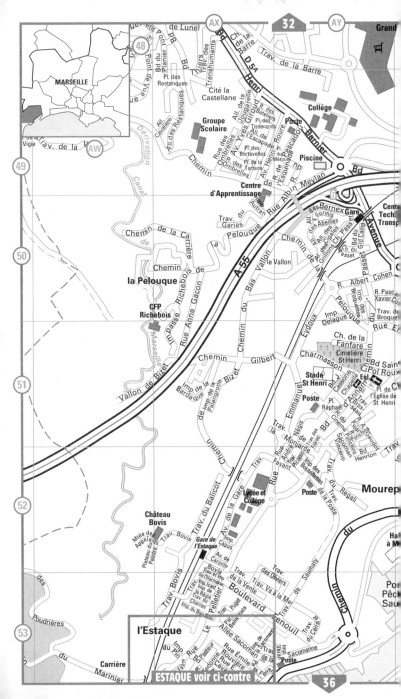

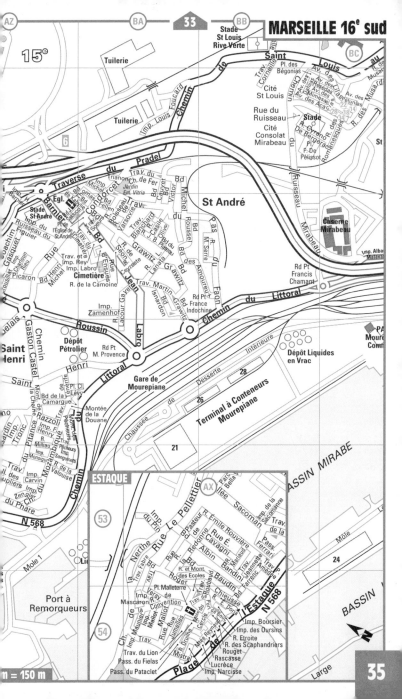

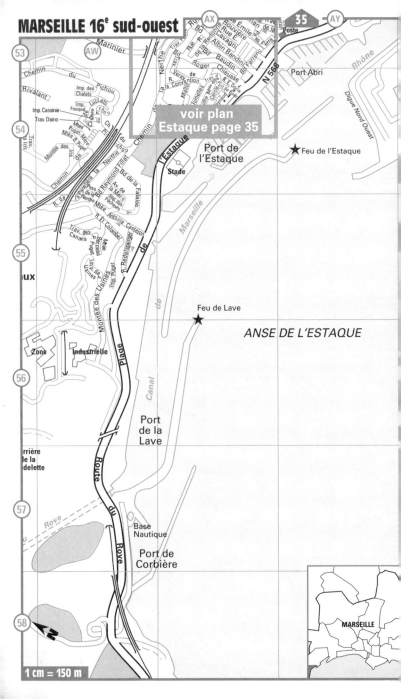

MARSEILLE 16ᵉ sud-ouest

voir plan
Estaque page 35

53
AW
Marinier
Chemin du Pichou
Rivalant
Imp. des Chalets
Imp. Cassinie
Trav. Daino
Imp. Fouque

54
Montée des Iris
Trav. des Iris
Chemin

Mtée. Fuget-Marie
Mtée. A. Puget
Passerelle de la Nerthe
Bd Raymond Filliat
Impasse des Passeurs
Mtée. Antoine Castejon
R. Et Colombel

55
Trav. des Canaris
Mtée P. Piseau
Imp. Piseau
Montée des Usines
Bureau
Imp. Piget

ux

Zone **Industrielle**

56

Plage

Chemin de l'Estaque

Bd de la Falaise
Av. de la Mer

Port de l'Estaque
Stade
★ Feu de l'Estaque

Route de la Mer

Marseille

Feu de Lave ★

ANSE DE L'ESTAQUE

Canal de Marseille

arrière
de la
delette

57
Rove

Base Nautique
Port de Corbière

58
N

Route du Rove

Port de la Lave

35
AX
Rue Émile Rouvière
Rue E. Cavagni
R. Albin Bandini
Rue de la Redonne
Rue Roger
Baudin
Cheusse
R. Convention
Poste
Port Abri
Digue Nord Ouest
Rhône
N 568

MARSEILLE

1 cm = 150 m

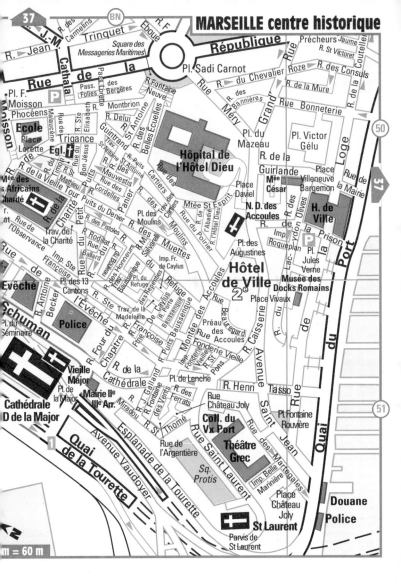

Sélection des principaux édifices publics du centre

voir centre historique
page 36

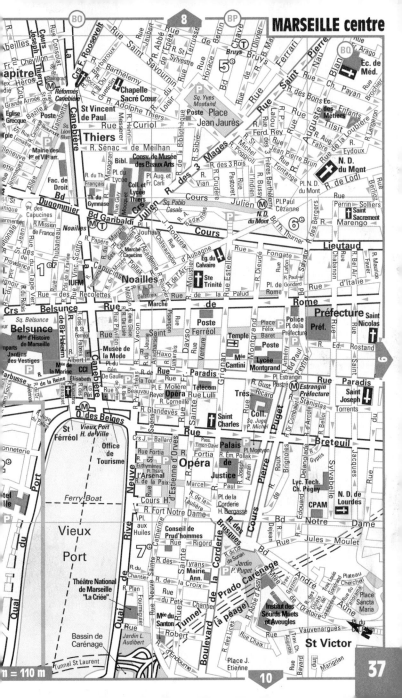

MARSEILLE centre

1 = 110 m

37

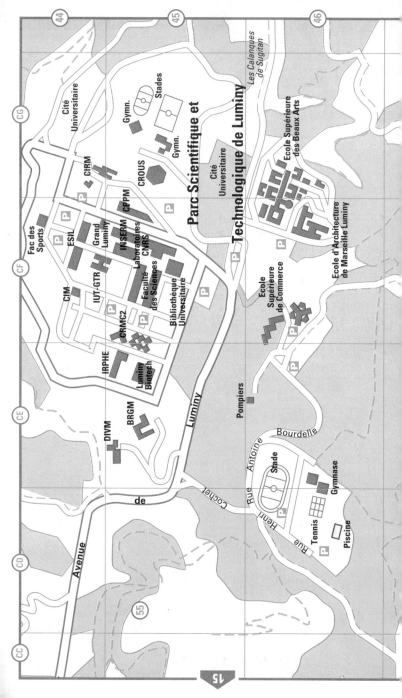

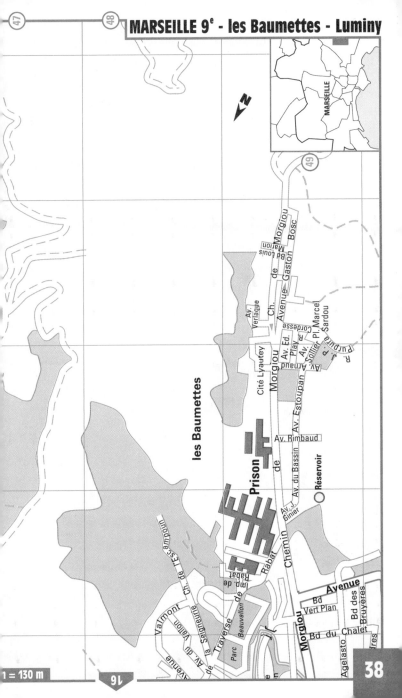

MARSEILLE

les Baumettes

Prison

Av. Verlaque

Ch. de Morgiou

Bd Louis Marion

Avenue Gaston Bosc

Cité Lyautey

Morgiou

Av. Ed. Play

Av. Armaud

Impasse Cordesse

Av. Soltier

Pl. Marcel Sardou

R. Purpan

Av. Av. Estoupan

Av. Rimbaud

de

Av. du Bassin

Av. J. Ginier

Réservoir

Chemin

Rabat

Imp. de Rabat

Ch. de l'Escampoun

Valmont

Traverse de Rabat

Beauvallon

Av. du Vallon de la Sandourie

Parc

Avenue

Morgiou

Bd Vert Plan

Bd du Chalet

Bd des Bruyères

Agelasto

Tres

Avenue

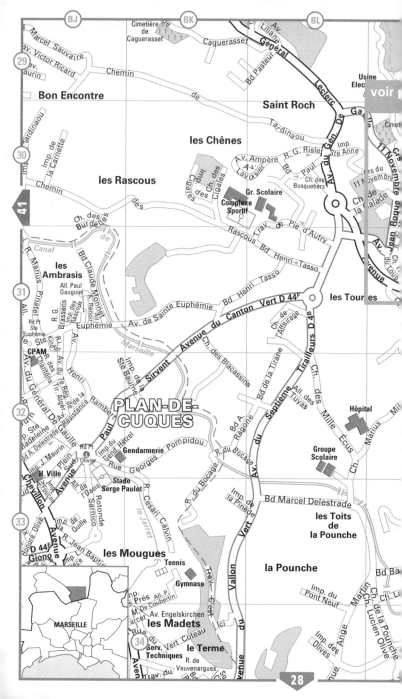

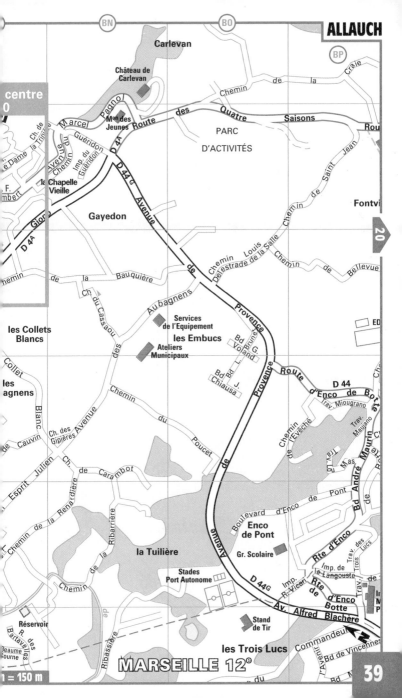

BN · BO · BP

Carlevan

Château de Carlevan

centre

Ch. de la Trinité
e-Dame
F.
mbert
la Chapelle Vieille

Marcel Pagno
Mon des Jeunes
Route des Quatre Saisons
Rou

PARC D'ACTIVITÉS

Guéridon
Imp. du Guéridon
Avenue Chemin
D 4A

Gayedon

D 4A

Gioro

Chemin de Saint Jean

Fontvi

20

Avenue de

Bauquière

Chemin de la

Chemin Louis Delestrade de la Salle

Chemin de Bellevue

les Collets Blancs

Collet

les agnens

Blanc

de Cauvin

Ch. du Cassaou seg

Au bagnens

Services de l'Equipement

les Embucs

Ateliers Municipaux

Bd. G. Voland

Bd Brune

Bd Bd J. Chiausa

ED

Provence

Provence Route d'Enco de Botte

D 44

Trav. Miougrano

Ch des Gipières Avenue

Ch. Esprit Julien

Ch. de Carambot

Chemin du Poucet

Chemin de l'Evêché

Trav. Mauano

Mas

Bd André Maurin

de

Ch

Esprit Julien

Chemin de la Renardière

Ribarrière

la Tuilière

Boulevard d'Enco de Pont

Enco de Pont

Gr. Scolaire

Rte d'Enco

Trav. des Trois Lucs

Ir M P

F.
Chemin de la

Chemin

de

Réservoir

R. des Bartavelles

eaume ourne

Ribassière

Stades Port Autonome

Stand de Tir

D 44G

Imp. R. Vicari

Rte de d'Enco Botte

Av. Alfred Blachère

Imp. de la Langouste

les Trois Lucs

Commandeu

Avenue

Bd de Vincennes

Bd N

du

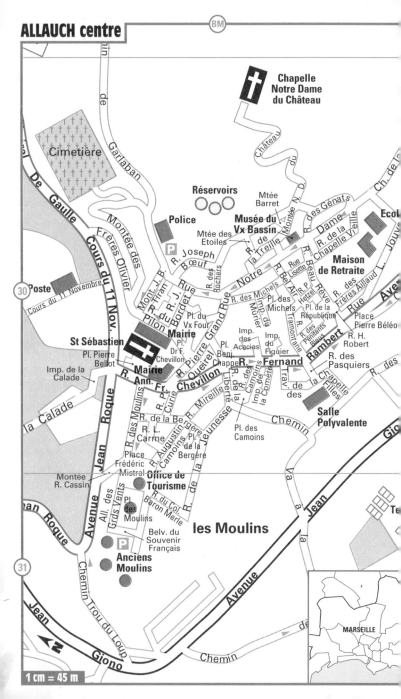

ALLAUCH centre

Chapelle Notre Dame du Château

Cimetière

Réservoirs

Police

Mtée Barret

Musée du Vx Bassin

Mtée des Etoiles

R. de la Treille

Dame

R. de la Chapelle Vieille

Ecol

Maison de Retraite

R. Joseph Bœuf

R. des rochers

Poste

Mont. J.B. Tiran

R. J. Bordet

R. du Pilon

Rue

Notre

R. des Michels

Pl. des Michels

Pl. de la République

R. des Frères Aillaud

Ave

Rue

Rambert

Place Pierre Béléo

R. H. Robert

R. des Pasquiers

R. des

Pl. du Vx Four

Mairie

Pl. Dr F. Chevillon

Grand Rue

Imp. du Mûrier

Imp. des Acacias

Imp. du Figuier

Fernand

St Sébastien

Pl. Pierre Bellot

Mairie Ann.

R. Fr.

Chevillon

R. Pierre Quetrel

R. Benj Chappe

R.

Trav. de

la Chapelle

Salle Polyvalente

Imp. de la Calade

la Calade

R. P. Curie

R. des Moulins

R. de la Bergère

R. L. Carme

R. Augustin Camoins

R. Mireille

R. de la Jeunesse

Pl. de la Bergère

Pl. des Camoins

Chemin

Va

Gio

Montée R. Cassin

Place Frédéric Mistral

All. des Grds Vents

Office de Tourisme

Pl. des Moulins

R. du Col Baron Merle

les Moulins

Jean

Te

Avenue

Jean Roque

Avenue

Belv. du Souvenir Français

Anciens Moulins

Chemin Trou du Loup

Jean

Giono

Avenue

de

Chemin

MARSEILLE

1 cm = 45 m

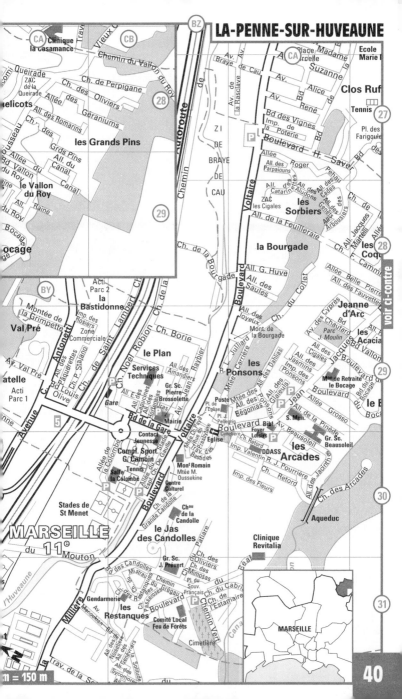

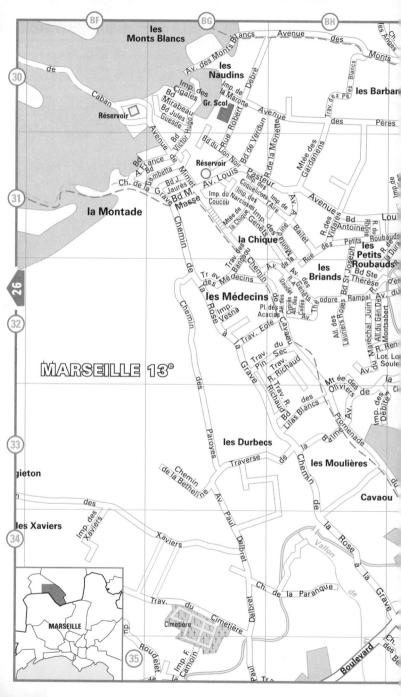

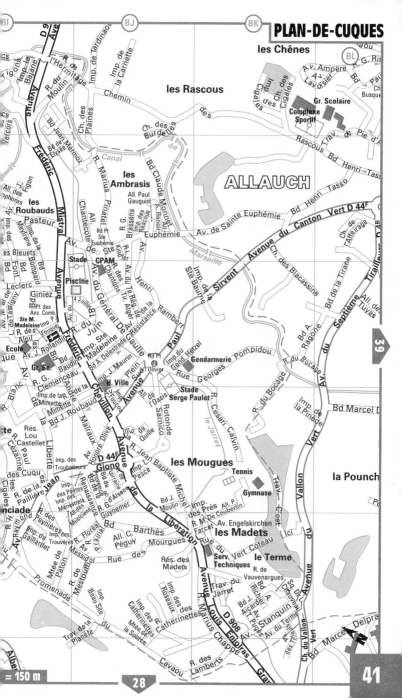

Les
Plans Pocket

Info Maxi,

Format Mini

1° Les voies sont classées au patronyme.
Exemple : **Vaillant** (Edouard)

2° Les voies dont le repère est précédé du signe (*) se trouvent sur le plan du Centre de Marseille (page 37).

3° Les voies en *italique* sont situées sur le plan du Centre Historique de Marseille (page 36).

4° Les voies suivies dans l'index d'une pastille (exemple : ②) sont trop petites pour être cartographiées, elles sont cependant indiquées dans la carte par cette pastille.

5° Certaines voies répertoriées dans l'index ne sont pas représentées dans le plan, il s'agit de voies situées en limite de commune, les coordonnées mentionnées donnent alors une indication de leur localisation.

Arr.	Carreau	Appellation

....

MARSEILLE
Code Postal : 13000
Population : 796 623 hab.

▼

plan pages 3 à 38

A

Arr.	Carreau	Appellation
2e	BN-50	*Abadié (de l')*
15e	BE-49	Abattoirs (bd des)
7e	BP-52	Abbaye (de l')
3e	BK-48	Abeille (imp.)
1er	*BO-48	Abeilles (des)
16e	AY-50	Abeilles (all. des)
11e	BX-29	Abondance (trav. Pierre)
12e	BR-38	Aboukir (d')
15e	BF-49	Abovian (imp.)
15e	BJ-49	Abram (d')
15e	AX-45	Acacia (de l')
13e	BG-32	Acacias (pl. des)
15e	BB-49	Acacias (av. des)
1er	*BO-49	Académie (de l')
7e	BR-52	Acanthes (all. des)
11e	BU-31	Accaielles (les) (cité)
11e	BU-32	Accates (ch. des)
11e	BU-31	Accates (quartier)
2e	BN-51	Accoules (mont. des)
4e	BM-44	Achard
10e	BW-43	Achdjian (J.)
10e	BU-47	Aciéries (bd des)
4e	BO-45	Acquaviva (du Docteur)
9e	BV-46	Adelaïde (all.)
15e	BC-48	Adoul (trav.)
2e	BL-51	Afrique (pl. d')
14e	BE-40	Agaces (imp. des)
15e	AW-48	Agachon du Roi (av. de l')
9e	CC-49	Agelasto (bd)
12e	BP-39	Agent Galy (de l')
9e	BW-46	Aguillon
9e	BW-47	Aguillon (bd)
5e	BR-44	Aicard (bd Jean)
7e	BQ-53	Aicard
4e	BP-45	Aiglin (bd)
9e	BZ-48	Aiguier (ch. Joseph)
12e	BN-40	Aiguillette (de l')
5e	BR-44	Aillaud (bd)
8e	BY-50	Aillaude (av. de l')
8e	BY-53	Aimé (imp.)
13-14e	BI-42	Ain (all. de l')
11e	BT-42	Air Bel (av. d')
11e	BT-42	Air Bel (porte d')
15e	AW-46	Aire (imp. de l')
13e	BI-42	Aisne (all. de l')
1er	*BN-49	Aix (d')
12e	BP-43	Alaska (imp. de l')
11e	BU-38	Albanès (bd)
13e	BK-37	Albatros (all. des)
4-13e	BM-43	Albe (bd d')
4e	BM-44	Albe (d')
4e	BN-44	Albe (trav. d')
8e	CB-52	Albeniz (all.)
11e	BU-38	Albert (bd)
11e	BX-34	Albert (bd)
13e	BK-40	Albert
15e	AU-45	Albert (bd)
1er	*BO-50	Albert Ier
13e	BK-44	Albertini (av. Jean)
14e	BH-41	Albertville
2e	BL-49	Albrand (Pierre)
7e	BP-52	Albrecht (sq. B.)
10e	BS-47	Alby (d')
8e	BS-48	Alcazar (J.)
6e	BQ-49	Aldebert
7e	BO-53	Aleman (César)
15e	BG-49	Alexandrie
8e	BY-50	Alfredi (imp.)
5e	BQ-48	Alger (d')
15e	AZ-45	Algériens (trav. des)
10e	BS-46	Algésiras (d')
9e	CA-50	Alibert
9e	BY-46	Alisiers (bd des)
14e	BF-45	Allais (bd Alphonse)
15e	BH-49	Allar (André)
4e	BN-44	Allard
4e	BN-44	Allard (imp.)
11e	BT-40	Allard (av. E.)
11e	BS-30	Allauch à Aubagne (route d')
9e	BZ-46	Allée des Pins (rés.)
11e	BW-27	Allegretty (bd. M.)
3e	BL-46	Allemand (bd)
13e	BL-43	Allemand (pl. Jean)
13e	BJ-42	Allende (av. Salvador)
2-15e	BF-50	Alliance (de l')
13e	BI-42	Allier (all. de l')
9e	CA-44	Alliés (imp. des)
13e	BG-36	Allobroges (bd d')
13e	BK-43	Allonge (av. Lucien)
9e	BZ-50	Almeras (bd)
9e	BZ-50	Almeras (imp.)
8e	CA-55	Aloades (rés. les)
13e	BL-37	Alouettes (all. des)
12e	BQ-43	Alpes (bd des)
7e	BS-52	Alpilles (rés. des)
8e	BT-52	Alpilles (av. des)
10e	BU-45	Alric (imp. M.)
8e	BS-50	Alsace (d')
15e	BD-46	Alsace (pl. d')
4e	BN-45	Altéras (bd)
13e	BI-39	Alvergnes (imp. des)
13e	BI-39	Alvergnes (trav. des)
12e	BP-42	Amance (d')
11e	BV-39	Amandes (mont. des)
12e	BN-40	Amandière (bd de l')
12e	BN-41	Amandière (imp. de l')
13e	BN-35	Amandiers (des)
12e	BO-38	Amaryllis (ch. des)
8e	BS-49	Ambrogiani (sq. des Frères)
9e	BY-44	Ambrogiani (av. Pierre)
4e	BN-44	Amédée
13e	BL-44	Amédée (imp.)
16e	AX-53	Amédée (trav. P.)
14e	BF-47	Amélie
15e	AY-45	Américaine (ch. de l')
3e	BK-48	Amidonnerie (de l')
3e	BM-44	Amiens (d')
8e	CA-53	Amis (bd des)
12e	BP-36	Amis (imp. des)
14e	BI-42	Amitié (espl. de l')
6e	BR-51	Amoureux (des)
7e	BR-51	Amoureux (trav. des)
16e	BA-50	Amoureux (bd des)
14e	BF-47	Ampère (d')
8e	BZ-55	Amphitrite (bd)
13e	BJ-35	Amphoux (ch. des)
8e	BS-50	Amphoux
8e	BU-51	Amphoux (trav.)
7e	BP-54	Anaïs (imp.)
15e	AY-48	Ancêtres (pl. des)
11e	BX-35	Ancienne Carrière
15e	AW-46	Anciens Combattants (all. des)
8e	BV-48	André (av. du Général)
8e	BZ-53	André (trav. Jean)
10e	BT-48	André (imp.)
16e	AZ-50	André
11e	BJ-39	Andreu (av. V.)
12e	BN-43	Andrinople (d')
15e	BE-47	Andromède (pl.)
12e	BQ-38	Anémones (ch. des)
11e	BS-40	Angèle
15e	BB-46	Angelette (bd de l')
6e	BR-51	Angkor
2e	BL-51	Anglais (quai des)

MARSEILLE

Arr.	Carreau	Appellation
15e	BF-48	Anjou (bd d')
15e	BB-46	Anjou (René d')
15e	BE-48	Annam
16e	AY-51	Annam (bd d')
9e	CB-49	Annette (bd)
4e	BP-45	Anres
14e	BI-42	Ansaldi (Alexandre)
7e	BO-52	Anse (de l')
12e	BM-40	Anselme (imp.)
8e	BU-52	Antibes (av. d')
8e	BT-48	Antignane (trav. de l')
6e	BR-51	Antilles (des)
6e	BR-51	Antilles (imp. des) (2)
1er	BO-46	Anvers (d')
5e	BQ-47	Aouest (bd)
11e	BY-33	Apollon (bd)
16e	AW-52	Appelants (montée des)
13e	BI-40	Appert (Nicolas)
15e	BB-48	Aqueduc (trav. de l')
13e	BL-43	Aquitaine (trav. d')
5e	*BQ-48	Arago (François)
14e	BI-46	Aramis
11e	CA-58	Arapèdes (des)
13e	BJ-40	Ararat (bd)
11e	BZ-32	Arbousiers (all. des)
1er	*BP-49	Arc (de l')
5e	BR-45	Arc (bd Jeanne d')
8e	CD-60	Arc (d')
11e	BU-31	Arc (pl. J. d')
14-15e	BD-45	Arcades (trav. des)
8e	BP-47	Archange (pl. de l')
4e	BN-44	Archimède
6e	*BP-50	Arcole (d')
13e	BI-41	Ardennes (all. des)
7e	BR-53	Ardisson
2e	BK-50	Arenc (quai d')
2e	BK-49	Arenc (quartier)
2e	BK-50	Arenc (trav. d')
8e	BP-42	Arène (square P.)
14e	BK-47	Arène (bd Paul)
13e	BE-35	Argelas (imp. de l')
2e	BN-51	Argentière (de l')
13e	BE-33	Argieton (l') (quartier)
10e	BT-47	Argile (ch. de l')
14-15e	BD-45	Argilliers (av. des)
14e	BI-42	Ariège (all. de l')
15e	BE-48	Aristarque (imp.)
9e	CC-43	Arlaud (bd François)
8e	BF-34	Arlequin (imp. de l')
8e	BS-51	Arles (d')
9e	CE-49	Armand (av.)
8e	BZ-32	Armand (trav.)
12e	BQ-44	Armand (bd Louis)
10e	BT-44	Armée d'Afrique (ch. de l')
6e	*BP-50	Armény
3e	BK-47	Arnal
4e	BN-44	Arnaud (Jules)
5e	BQ-47	Arnaud (pl. Docteur P.)
7e	BO-54	Arnaud
7e	BQ-54	Arnaud (imp.)
12e	BP-40	Arnaud (bd du Docteur J.)
13e	BN-36	Arnaud (Professeur Marcel)
15e	BE-49	Arnaud (imp.)
14e	BH-46	Arnavaux (av. des)
14e	BH-46	Arnavaux (les) (quartier)
14e	BI-45	Arnavon (av.)
11e	BV-27	Arnould
4e	BN-45	Arras (bd d')
1er	*BO-50	Arsenal (l') (quartier)
14e	*BI-51	Artagnan (d')
4e	BO-46	Artaud (pl. Antonin)
7e	BT-53	Artaud (imp.)
13e	BL-38	Artaud (trav. Julien)
15e	BE-46	Artois (pl. d')
10e	BU-43	Arts (pass. des)
3e	BL-48	Arzial (pl. Louis)
9e	CE-51	Aspic (imp.)
7e	BP-55	Assani (imp.)
7e	*BP-51	Assy (Abbé d')
4e	BP-45	Astier (J. B.)
2e	*BN-50	Astouin
5e	BQ-47	Astruc (Louis)
1er	*BN-48	Athènes (bd d')
1er	*BN-48	Aubagne (d')
8e	BT-49	Aubanel
5e	BR-48	Aube (imp. de l')
10e	BT-49	Aubépine (all. de l')
4e	BU-46	Aubépines (all. des)
7e	BP-52	Aubert (trav.)
9e	BW-48	Aubert (Augustin)
13e	BJ-42	Aude (all. de l')
5e	BQ-45	Audibert
11e	BV-33	Audience (de l')
14e	BI-47	Audier
10e	BW-43	Audoli (A.)
4e	BN-44	Audran (pl. Edmond)
12e	BP-42	Audric
4e	BO-44	Auger
11e	BS-41	Augereau (av. Maréchal)
9e	CB-44	Augier (av. R.)
10e	BS-46	Augusta
10e	BS-46	Augusta (imp.) (4)
7e	*BP-51	Auguste (trav. ch.)
15e	AU-46	Augustin (bd)
2e	BN-50	Augustines (pl. des)
1er	*BO-50	Augustins (des)
11e	BX-28	Aumône (l') (quartier)
6e	*BO-50	Aune (bd André)
3e	BK-48	Auphan
13e	BK-40	Auphan (bd)
13e	BM-36	Aurenges (les) (quartier)
13e	BM-35	Aurenges (ch. des)
11e	BV-39	Aurore (trav.)
6e	BR-48	Austerlitz (d')
6e	*BP-50	Autran (Joseph)
7e	BQ-52	Autran (bd A.)
7e	BQ-52	Autran (imp. A.)
16e	AX-50	Autran (imp.)
15e	BD-46	Autures (pl. des)
3e	BJ-42	Auzias (Henri)
12e	BP-34	Avenir (bd de l')
13e	BI-42	Aveyron (all. de l')
1er	*BO-50	Aviérinos (du Docteur)
6e	BR-51	Avignon (d')
8e	BG-39	Aygadiers (des)
14-15e	BD-47	Aygalades (av. des)
15e	BB-46	Aygalades (les) (quartier)
15e	BC-46	Aygalades (pl. des)
13e	BN-37	Azad (imp.)

B

Arr.	Carreau	Appellation
15e	AY-47	Bacchus (av.)
13e	BI-39	Bachaga Boualam (rond point)
14-15e	BJ-48	Bachas (trav. du)
15e	BB-46	Bachas (du)
13e	BJ-39	Bachelard (Gaston)
13e	BK-43	Bacon (André)
8e	BU-50	Bagatelle (pl. de)
8e	BY-53	Bagnasco (bd L.)
8e	BZ-56	Baigneurs (bd des)
1er	*BN-49	Baignoir (du)
5e	BR-47	Baille (bd)
5e	BR-47	Baille (quartier)
1er	*BO-50	Bailli de Suffren
7e	*BN-50	Bains (des)
9e	BX-48	Bainville (av. J.)
9e	BZ-48	Balajat (av. Marie)
9e	BY-45	Baldaccini (av. C.)
11e	BV-36	Balestre (trav.)
5e	AX-52	Balicot (trav. du)
1er	*BP-50	Ballard (crs J.)
2e	BN-50	Ballard
13e	BH-33	Balme (la)
13e	BI-39	Balustres (av. des)
12e	BP-43	Balzac (H. de)
13e	BR-37	Balzac (pl.)
8e	BW-50	Bambous (imp. des)
11e	BW-34	Bancal (Léon)
13e	BG-32	Bancaou (trav. des)
16e	AX-53	Bandini (bd Albin)
8e	BU-52	Bandol (av. de)
2e	BN-50	Bannières (des)
4e	BN-44	Banon (bd)
11e	BV-27	Baptiste Auffan (pl. J.)
13e	BH-35	Bara (bd)
11e	BX-33	Barasse (bd de la)
11e	BX-35	Barasse (la) (quartier)
14e	BH-43	Baratier (bd Edouard)
14e	BI-42	Barbarin (av.)
1er	*BO-48	Barbaroux
8e	BX-50	Barbe (bd)
14e	BI-48	Barbès (bd)
4e	BM-45	Barbier (bd)
8e	BM-46	Barbier (imp.)
15e	BC-48	Barbieri (bd Jean)
3e	BL-47	Barbini (François)
7e	BP-54	Barbus (des)
1er	*BO-50	Barbusse (Henri)
8e	BS-51	Barbut (trav. E.)
16e	AX-51	Bardaque (imp. de la)
10e	BU-43	Bardon (André)
6e	*BP-49	Baret (pl. Félix)
2e	BO-50	Bargemon (pl. Villeneuve)
11e	BV-37	Bargin (trav.)
13e	BJ-38	Barielle (imp.)
13e	BJ-40	Barielle (Lazare)
15-16e	AX-47	Barnier (bd Henri)
8e	AZ-50	Barnier (imp. Henri)
10e	BT-46	Barnière (bd de la)
10e	BT-46	Barnière (imp. de la)
9e	CB-46	Baron (av. P.)
9e	CB-46	Baron (imp. Paul)
9e	CA-50	Barquière (av. de la)
9e	BW-50	Barral (bd)
9e	BW-48	Barral (trav.)
11e	BV-36	Barre (pl. du Chevalier de la)
12e	BR-36	Barre (trav. de)
15e	AX-48	Barre (ch. de la)
16e	AY-49	Barre (trav. de la)
14e	BG-44	Barrelier (bd Basile)
8e	BX-49	Barrès (av. M.)
13e	BM-43	Barry (bd)
13e	BM-43	Barry (bretelle)
3e	BL-47	Barsotti
11e	BY-32	Bart (av. J.)
15e	AX-49	Bartavelles (pl. des)
8e	CA-57	Barthe (bd A.)

Arr.	Carreau	Appellation
1er	*BO-48	Barthélemy
9e	BW-46	Barthélemy (bd)
12e	BP-37	Barthélemy (imp.)
15e	AV-46	Barthélemy (imp.)
10e	BU-42	Barthet
13e	BL-41	Bartillat (bd de)
16e	AX-50	Barthélemy (ch. du)
15e	AV-46	Bascule (imp. de la)
15e	AV-46	Bascule (trav. de la)
6e	BR-49	Basse Ste Philomène
8e	CD-60	Bassin (du)
9e	CE-49	Bassin (av. du)
12e	BO-36	Bassin (du)
14e	BH-42	Bassin (ch. du)
15e	AZ-45	Bassin (bd du)
15e	BA-45	Bassins (trav. des)
2e	BH-50	Bassins de Raboud (bd des)
15e	BE-46	Bastide (pl. de la)
12e	BR-40	Bastide Basse (all. de la)
13e	BG-39	Bastide Longue (ch. de la)
12e	BR-40	Bastide Neuve (la) (quartier)
15e	AW-46	Bastides (les)
11e	BX-30	Bastidonne (ch. de la)
14e	BE-40	Batarelle (la) (quartier)
15e	AX-49	Bateliers (des)
9e	CB-49	Batignolles (trav. des)
3e	BK-47	Battala
7e	BS-54	Batterie (mont. de la)
8e	CD-60	Batterie (ch. de la)
15e	AV-46	Batterie (trav. de la)
7e	BP-55	Batterie de Malmousque (trav. de la)
7e	BS-53	Batterie des Lions (ch. de la)
7e	BQ-55	Batterie des Lions (imp.)
9e	BW-47	Baude (bd)
10e	BU-42	Baude (trav.)
5e	BQ-45	Baudelaire (bd)
7e	BR-54	Baudille (trav. de la)
13e	BL-37	Baudillons (trav. des)
16e	AX-53	Baudin (bd)
12e	BM-39	Baudot (Emile)
10e	BX-42	Baume (ch. de la)
13e	BD-38	Baume et Grotte Loubière (ch. de la)
13e	BF-37	Baume Loubière (trav. de la)
15e	AX-46	Baumes (pl. des)
9e	CE-48	Baumettes (les) (quartier)
15e	AW-44	Baumillons (ch. des)
15e	BD-46	Baussenque (pl.)
2e	BN-51	Baussenque (porte)
2e	BN-51	Baussenque (trav.)
15e	BT-36	Baux (imp. des)
15e	BF-47	Bauxite (av. de la)
8e	BX-50	Baverel (pl. L.)
7e	*BP-51	Bayard
1er	*BN-49	Bazin (François)
10e	BU-42	Béal (av. du)
15e	BD-46	Béarn
4e	BQ-44	Beau
12e	BO-40	Beau Soleil (av.)
15e	BB-47	Beau Soleil (bd)
15e	AU-45	Beau Soleil (trav.)
9e	CC-49	Beau Vallon Cèdres (rés.)
9e	CC-49	Beau Vallon Prairie (rés.)
14e	BH-43	Beaucaire (de)
15e	BE-46	Beauce (pl. de la)
13e	BL-43	Beaugeard
6e	BQ-50	Beaujour
7e	BQ-53	Beaulieu (trav.)
1er	*BO-48	Beaumont
12e	BP-38	Beaumont (bd de)
12e	BP-39	Beaumont (trav. du)
2e	BN-51	Beauregard
8e	BZ-56	Beaurivage (bd)
11e	BY-32	Beauséjour (bd)
9e	CA-49	Beausoleil (av.)
1er	*BO-50	Beausset
1er	*BO-50	Beauvau
13e	BK-44	Beaux Arts (imp. des)
7e	BP-54	Beaux Yeux (imp.)
7e	BQ-53	Bec (imp.)
15e	AZ-46	Bech (bd)
2e	BN-51	Becker (Antoine)
13e	BI-36	Becquerel (Henri)
5e	BR-44	Bédarieux (imp. de)
6e	*BP-49	Bédarrides (A.)
16e	BB-58	Bégonias (pl. des)
13e	BL-42	Bégude (bd la)
13e	BK-37	Bégude Sud (la) (cité)
12e	BP-35	Beissière (Serge)
6e	*BQ-49	Bel Air
12e	BP-49	Bel Air (bd)
12e	BO-39	Belfort (imp.)
15e	AW-43	Belfort (de)
1er	*BO-50	Belges (quai des)
10e	BU-41	Bélicard (trav.)
15e	AX-53	Bella Vista (parc)
13e	BL-40	Belle Bastide (quartier)
3e	BL-47	Belle de Mai
3e	BL-47	Belle de Mai (quartier)
15e	AW-43	Belle France (mont. de la)
2e	BN-50	Belle Marinière (imp.)
9e	BV-47	Belle Ombre
3e	BL-48	Belle Vue (av.)
3e	BL-48	Belle Vue (pl.)
7e	BQ-52	Belle Vue (mont.)
12e	BP-39	Belle Vue (bd)
13e	BK-44	Belle Vue (cité)
15e	BB-46	Belle Vue (ch. de)
7e	BQ-52	Bellegarde
2e	BN-50	Belles Ecuelles (des)
11e	BY-32	Bellevue (bd)
13e	BN-36	Bellevue (av.)
15e	AW-48	Bellevue (bd)
15e	BA-46	Bellevue (bd)
11e	BX-34	Bellevue de la Barasse (bd)
15e	BD-47	Belliarde (bd de la)
8e	BZ-56	Bellieu (bd)
6e	*BO-50	Belloi
11e	BS-27	Bellons (ch. des)
12e	BN-46	Belnet (bd)
1er	*BO-49	Belsunce (crs)
1er	*BO-49	Belsunce (quartier)
7e	BQ-52	Belvédère (imp. du)
12e	BO-43	Belvédère (bd du)
10e	BX-47	Belvet (imp.)
14e	BI-44	Benausse (quartier)
10e	BU-42	Bené (imp.)
8e	BT-48	Bénédetti (de)
12e	BP-41	Bénédictins (bd des)
1-4e	BN-46	Bénédit
13e	BK-38	Bengalis (bd des)
13e	BJ-41	Benoit (Pierre)
9e	CA-50	Benoît (pl. F.)
7e	BQ-54	Bensa (bd)
8e	CB-57	Béouveire (bd de)
4e	BO-45	Béranger
12e	BP-38	Béranger (imp.)
12e	BP-38	Béranger (P.)
15e	AW-48	Béranger (bd)
15e	AY-47	Béranger (imp.)
5e	BR-47	Bérard
13e	BJ-42	Bérarde (la) (quartier)
5-10e	BU-46	Berceau (du)
16e	AW-55	Berceau Pierre Puget (mont.)
15e	AY-45	Bérenger (trav.)
15e	AW-46	Berge du Canal (trav. de la)
10e	BW-46	Berger (Gaston)
15e	AX-46	Berger (trav. Léon)
13e	BK-38	Bergeronnettes (all. des)
6e	*BQ-49	Bergers (des)
5e	BR-53	Berle
7e	BQ-53	Berlingot (imp.)
6e	*BQ-48	Berlioz
15e	BE-49	Bernabo (bd)
15e	BE-49	Bernabo (trav.)
9e	BZ-46	Bernadotte (av.)
3e	BM-47	Bernard
6e	BR-51	Bernard (pl. Valère)
9e	BV-28	Bernard
11e	BX-34	Bernard (bd)
12e	BM-40	Bernard (imp. Cl.)
12e	BM-40	Bernard (pl. Claude)
11e	BV-33	Bernardi (av. M. J.)
1er	BN-47	Bernardy (Jean De)
1er	BO-47	Bernex
8e	BZ-52	Bernex (bd)
15-16e	AY-50	Bernex (ch. de)
10e	BU-42	Berrin (imp.)
15e	BD-47	Berry (all. du)
8e	BY-53	Berthe
14e	BH-44	Berthelot
11e	BS-41	Berthier (bd)
11e	BS-41	Berthier (sq.)
5e	*BP-48	Bertin (Horace)
5e	BQ-47	Berton
8e	BZ-53	Bertrand (du Docteur)
12e	BP-37	Bertrand (pl. E.)
15e	BD-50	Bertrand (imp.)
14e	BI-45	Bertrandon (bd)
8e	BU-48	Besançon (rés. Général)
10e	BT-43	Bessède (trav.)
13e	BI-35	Bessons (les) (quartier)
14e	BG-44	Bessons (ch. des)
14e	BG-44	Bessons (les) (quartier)
15e	BD-48	Bestiaux (des)
13e	BG-33	Betheline (ch. de la)
15e	BB-47	Beyle (ch. Henri)
9e	CA-50	Beyrouth (de)
8e	BZ-52	Bezombes (bd)
10-11e	BT-43	Bianco (av. Désiré)
7e	BP-54	Bibis (imp.)
1er	*BP-48	Bibliothèque (de la)
12e	BR-40	Biches (all. des)
8e	BT-51	Bienvenu
9e	BV-42	Bigarreaux (des)
12e	BM-40	Bigonnet (bd)
15e	AV-44	Bigote (ch. de la)

MARSEILLE

Arr.	Carreau	Appellation
1er	*BO-49	Bir Hakeim (de)
3e	BM-49	Biroard
14e	BI-47	Biskra (de)
8e	BT-50	Bizet (all.)
9e	BZ-48	Bizet (av.)
16e	AX-51	Bizet (ch. de)
13e	BI-39	Blache (pl. du Recteur Jules)
13e	BN-35	Blache (pl. Louis)
3e	BP-34	Blachère (av. Alfred)
4e	BN-44	Blanc (bd)
4e	BN-44	Blanc (imp.)
7e	BQ-52	Blanc
9e	BZ-49	Blanc (bd C.)
9e	BZ-49	Blanc (bd Fr.)
10e	BS-47	Blanc (A.)
15e	BD-48	Blanc (bd Balthazar)
15e	BD-48	Blanc (imp.)
12e	BN-39	Blanc Peyrard (av.)
7e	BR-53	Blancard (imp. P.)
15e	BE-47	Blancard (all.)
4e	BO-44	Blancarde (bd de la)
4e	BO-45	Blancarde (la) (quartier)
16e	BA-50	Blanchard (trav.)
8e	BS-48	Blanche
5e	*BQ-48	Blanqui (Auguste)
14e	BF-40	Blériot (Louis)
3e	BM-47	Bleue (imp.)
9e	BX-48	Bleuets (av. des)
10e	BT-43	Bleuets (av. des)
3e	*BM-49	Blidah (de)
7e	BP-55	Bobilier (imp.)
18e	BL-41	Bocage (bd du)
15e	BG-49	Bodo (bd Joseph)
4e	BQ-46	Boet
12e	BP-43	Boétie (de La)
5-10e	BS-45	Boeuf (bd H.)
11e	BX-33	Boeuf (bd J.)
11e	BV-37	Boigne (bd de)
1er	*BN-49	Bois (Bernard Du)
1er	*BN-49	Bois (pl. Bernard Du)
9e	BY-45	Bois (trav. des)
15e	BE-46	Bois (all. du)
14e	BG-42	Bois Chenu (imp.)
11e	BX-27	Bois de l'Aumone (ch.)
8e	BR-40	Bois Fleuri (bd du)
11e	BW-29	Bois Joli (le) (quartier)
13e	BM-39	Bois le Maître (imp.)
12e	BN-39	Bois Lemaître (cité)
13e	BL-39	Bois Lemaître (cité)
12e	BO-41	Bois Luzy (av. de)
12e	BO-42	Bois Luzy (rond point de)
12e	BO-42	Bois Luzy G. Guyat (pl. de)
6-7e	BR-51	Bois Sacré (av. du)
15e	BE-47	Boisbaudran (av. de)
3e	BR-42	Boiseraie (de la)
13-14e	BD-39	Boiserie (ham. de la)
14e	BJ-47	Boisseau (imp.) 10
16e	BA-50	Boisseau
14e	BK-46	Boisselot
8e	BP-45	Boisson (bd)
4e	BM-45	Boissy (bd A.)
14-15e	BF-46	Bolivar (bd Simon)
8e	BP-45	Bombinettes (imp. des)
7e	BQ-53	Bompard (bd)
7e	BQ-54	Bompard (imp. A.)
7e	BQ-53	Bompard (quartier)
16e	AX-53	Bon Coin (imp. du)
2e	BN-50	Bon Jésus (du)
2e	*BM-49	Bon Pasteur (du)
14e	BJ-47	Bon Secours (bd)
14e	BK-47	Bon Secours (quartier)
8e	CD-61	Bon Voisins (des)
8e	BX-52	Bonfils (imp. du Docteur)
11e	BV-38	Bonfort (av. J.)
3e	BL-47	Bonhomme
8e	CA-56	Bonhomme (imp.)
10e	BU-42	Bonifay (bd)
3e	BL-47	Bonnardel
4e	BO-42	Bonnardel (imp.)
12e	BO-42	Bonnasse (imp.)
10e	BU-44	Bonnaud (imp.)
9e	BY-49	Bonnaude (ch. de la)
8e	CA-57	Bonne Brise
13e	BM-43	Bonne Grâce (imp.)
6e	BQ-51	Bonne Mère (mont. de la)
8e	BQ-50	Bonnefon (pl. Louis)
6e	BQ-50	Bonnefoy
10e	BT-47	Bonnefoy (bd Fernand)
15e	BF-48	Bonnefoy (imp. Louis)
3e	BL-46	Bonnes Grâces (bd)
8e	BO-51	Bonnet (bd B.)
15e	BA-47	Bonnet (trav.)
13e	BO-43	Bonnets (imp. des)
13e	BK-39	Bonnets (trav. des)
8e	BX-52	Bonneveine (av. de)
8e	BX-52	Bonneveine (quartier)
15e	BD-48	Bonneville
12e	BO-37	Bonniot (bd)
12e	BO-36	Bonniot (imp.)
12e	BQ-43	Bons Amis (des)
12e	BQ-43	Bons Amis (imp. des)
6e	*BO-48	Bons Enfants (des)
3e	BK-48	Bons Voisins (des)
11-12e	BS-41	Booth (av. William)
8e	BT-49	Borde
14e	BK-49	Borde (bd)
15e	AZ-46	Borel (mont. de)
15e	BA-45	Borel (quartier)
9e	BW-47	Borghino (bd J.)
12e	BO-40	Borromées (av. des)
12e	BO-40	Borromées (les) (quartier)
3e	*BM-49	Bory (Jacques)
9e	CF-49	Bosc (av. Gaston)
4e	BO-45	Boscary
15e	AY-46	Bosphore (bd du)
4e	BP-46	Bosquet (du)
6e	BR-50	Bossuet
4e	BP-45	Botinelly (bd Louis)
14e	BI-45	Bottin (imp.)
10e	BT-46	Bouchard
10e	BW-43	Bouche (Honoré)
8e	BW-50	Boucher (av. H.)
8e	CA-56	Boucher de Perthes (bd)
13e	BG-36	Bouchers (pl. des)
4e	BN-43	Boucle (av. la)
9e	CA-50	Boudier (Th.)
13e	BI-43	Boudinière (bd de la)
7e	BP-55	Boudouresque 12
3e	BL-47	Bouès (bd)
15e	BH-49	Bougainville (pl.)
12e	BN-38	Bougainvillées (les) (cité)
13e	BK-42	Bouge (bd)
14e	BK-45	Bougie (bd de la)
9e	BW-48	Bouin (av. Jean)
14e	BG-44	Bouin (bd Jean)
12e	BS-38	Bouires (bd des)
9e	CB-50	Boulanger Colaveri (imp.)
2e	BN-50	Bouleau (du)
4e	BL-45	Boulevard Extérieur (trav. du)
11e	BV-39	Boulistes (bd des)
4e	BN-44	Boulle (bd Henri)
10-11e	BU-41	Bounaude (trav. de la)
12e	BM-40	Bounin (imp.)
11e	BT-33	Bouquière (imp. de la)
9e	CE-46	Bourdelle (Antoine)
9e	BW-47	Bourdes (av. Yves)
1er	*BN-48	Bourdet (bd Maurice)
6e	BO-51	Bourdon (du)
11e	BU-33	Bourgade (de la)
1er	BO-47	Bourgeois (Léon)
4e	BP-45	Bourges (bd Elémir)
15e	BD-46	Bourgogne (all. de)
7e	BS-53	Bourguignons (trav. des)
9e	CA-46	Bourier (rond point Robert)
8e	BZ-54	Bourre (bd)
12e	BO-39	Bourrely (bd)
15e	AV-44	Bourrely (ch. des)
15e	AV-44	Bourrely (les) (quartier)
14e	BF-45	Bourseult (bd Charles)
16e	AX-54	Boursier (imp.)
9e	BW-49	Bousquet (Fr.)
15e	BB-47	Bousquet (imp.)
12e	BO-37	Bousquetier (av. du)
16e	AY-52	Bouteillettes (imp. des)
13e	BE-39	Boutilliers (ham. des)
10e	BU-42	Boutons d'Or (av. des)
13e	BL-38	Bouvreuils (all. des)
12e	BS-39	Bouyala d'Armand (bd)
10e	BV-42	Bouygues (bd P.)
9e	CB-49	Bouze (av. Pierre)
14e	BH-46	Bovet (bd Louis)
16e	AX-53	Bovis (trav.)
11e	BU-33	Boy (av. C.)
3e	BL-46	Boyer
8e	BY-53	Boyer (imp.)
9e	BW-47	Boyer (pl. Aristide)
15e	BG-49	Boyer (av. Henri Romain)
5e	BP-46	Braille (L.)
5e	BR-47	Brandis
8e	BY-49	Branly (av. E.)
5e	BI-43	Braque (av. Georges)
2e	BO-52	Braquier (promenade L.)
8e	BW-49	Brasilia (rés. le)
7e	BQ-54	Braves (des)
8e	BQ-47	Bravet
8e	CC-57	Brazza (bd de)
8e	BT-50	Breguet (L.)
15e	BL-43	Brémond
15e	AV-46	Brémond (bd Marius)
15e	AW-48	Brémond (bd Marius)
15e	BD-46	Bretagne (all. de)
6e	*BQ-50	Breteuil
9e	BY-46	Breysse (av. Alexis)
3e	BJ-49	Briançon (bd de)
15e	BO-46	Brie (pl. de la)
5e	BQ-46	Briffaut
7e	BR-52	Brignaudy (imp. Martin)
11e	BV-28	Bringueronne (av. de la)»
6-8e	BS-51	Brion (F.)
14e	BI-42	Brissac (du Général)

Arr.	Carreau	Appellation
9e	BX-48	Brix (Aviateur Le)
9e	*BQ-48	Brochier
6e	*BQ-48	Brochier
15e	BI-49	Brondino (trav. Etienne)
8e	CA-56	Bronzet (trav.)
16e	AY-50	Broquettes (imp. des)
16e	AY-50	Broquettes (av. des)
16e	BV-47	Broquier (imp.)
16e	AY-51	Brosseau (trav.)
16e	BW-48	Brosset (av. du Général)
4e	BN-45	Brossolette (pl. Pierre)
15e	BE-45	Broutières (ch. des)
15e	BD-46	Brugas (ch. des)
13e	BJ-37	Brumaire (bd)
9e	BR-48	Brun (R.)
6e	*BP-48	Brun (Jean Pierre)
11e	BU-39	Brunat (bd)
11e	BS-41	Brune (bd)
4e	BO-45	Brunet
4e	BZ-56	Brunet (trav.)
4e	BP-45	Brunetière (F)
10e	BW-41	Bruny (bd Léon)
10e	BU-41	Bruny (trav. Rose)
13e	BH-36	Brus (des)
6e	*BP-51	Brusques (des)
9e	CA-49	Bruyère (La)
9e	BZ-47	Bruyère (rés. la)
9e	CD-49	Bruyères (bd des)
5e	*BP-48	Bruys (de)
4e	BO-46	Buffon
3e	*BM-47	Bugeaud
8e	BW-50	Buis (all. des)
14e	BL-46	Burel (de la)
14e	BK-47	Burel (imp.)
14e	BL-46	Burel (pl.)
13e	BH-40	Buridan (bd)
6e	BR-49	Busquet (Raoul)
3e	BM-47	Busserade
14e	BI-44	Busserine (de la)
14e	BH-43	Busserine (quartier)
6e	*BP-48	Bussy l'Indien
15e	BG-49	Butineuse (de la)
11-12e	BS-37	Butris (trav. des)
2e	*BN-49	Butte (de la)
15e	AW-48	Butte Montmartre
15e	AW-48	Buttes Chaumont
11e	BW-30	Buzine (la) (quartier)
11e	BW-32	Buzine (trav. de la)
		C
12e	BP-38	Cabane (bd de la)
14e	BD-40	Cabas (pl. de)
3e	BL-47	Cabasson (bd Joseph)
10e	BS-45	Cabassud (bd J. E.)
9e	BY-46	Cabot (bd du)
9e	BY-46	Cabot (le) (quartier)
9e	BY-46	Cabot (quartier du)
15e	BF-48	Cabucelle (la) (quartier)
12e	BO-42	Cachemyra (all.)
9e	BZ-50	Cachotte (imp. de la)
14e	BI-44	Cade
14e	BH-43	Cade (trav.)
10e	BW-45	Cadenel (L.)
8e	BU-51	Cadenelle (av. de la)
8e	BT-51	Cadenelle (rés. la)
10e	BT-46	Cadet (ch.)
4-12e	BO-44	Cadolive (de)
15e	BE-45	Cadran (pl. du)
3e	BL-47	Caffo (pl. Placide)
4e	BL-45	Cagnard (du)
11e	BW-35	Caillol (imp.)
12e	BP-43	Caillot (E.)
12e	BQ-40	Caillois (av. des)

Arr.	Carreau	Appellation
12e	BR-37	Caillols (les) (quartier)
12e	BR-37	Caillols (pl. des)
12e	BR-37	Caillols (trav. des)
13e	*BI-40	Caillols (trav. des)
3e	BL-49	Caire (du)
12e	BP-42	Caire (pl. du)
2e	BN-51	Caisserie
15e	BE-49	Calade (imp. de la)
15e	BD-49	Calade (la) (quartier)
12e	BP-40	Calais (de)
8e	BY-54	Calanque (de la)
8e	CB-59	Calanque de samena (bd de la)
9e	CE-51	Calanques (bd des)
14e	BD-39	Calebasse (de la)
11e	BY-33	Calen (bd du)
9e	CB-47	Calendal (av.)
13e	BF-36	Calendal (av.)
8e	BX-50	Callelongue
8e	BX-51	Callelongue (all. de)
8e	CD-60	Callelongue (quartier)
8e	CD-60	Callelongue (route de)
14e	BI-46	Calvet (Edouard)
9e	CA-50	Camargue (all. de)
16e	AZ-51	Camargue (bd de la)
5e	BQ-46	Camas (du)
5e	BP-47	Camas (le) (quartier)
15e	BC-48	Camau
9e	CA-49	Cambacérès
8e	CB-48	Cambodge (du)
9e	CB-48	Camoin (bd Albert)
13e	BG-35	Camoin (bd François)
13e	BJ-41	Camoin (Charles)
13e	BG-35	Camoin (imp. François)
4e	BO-46	Camoin Jeune
16e	BA-50	Camoine (de la)
10e	BW-44	Camoins (imp.)
11e	BU-29	Camoins (av. des)
11e	BU-29	Camoins (les) (quartier)
11e	BV-29	Camoins (mont. des)
11e	BW-30	Camoins (route des)
11e	BW-35	Camp d'Arène (trav. du)
9e	CD-50	Camp du Grand Arenas (cité)
11e	BH-41	Camp Long (imp.)
13e	BG-39	Campagne Barielle (av.)
9e	BZ-46	Campagne Berger (av. de la)
14e	BF-45	Campagne Marie (trav.)
9e	BY-45	Campagne-Berger (rés.)
13e	BN-35	Campagnes (trav. des)
11e	BU-29	Campagnes de la Treille (les)
12e	BN-39	Campane (av. de la)
11e	BU-29	Campourière (bd)
11e	BT-29	Campourière (imp.)
11e	BT-29	Campourière (quartier)
8e	BW-51	Camus (sq. A.)
10e	BS-47	Canada (du)
13-14e	BF-39	Canadel (de)
4e	BM-45	Canal (imp. du)
7e	BR-52	Canal (mont. du)
11e	BV-38	Canal (trav. du)
12e	BP-37	Canal (trav. du)
15e	AZ-46	Canal (du)
7e	BR-53	Canaques (des)

Arr.	Carreau	Appellation
13e	BL-38	Canaris (all. des)
16e	AW-55	Canaris (trav. des)
7e	BP-52	Candolle
1er	*BO-48	Canebière (la)
14e	BI-45	Canet (trav. du)
14e	BH-47	Canet (le) (quartier)
9e	CE-51	Canlong (bd)
15e	BC-49	Cannas (av. des) ⑭
10e	BT-43	Cannes (imp. de)
1er	*BO-48	Canonge
7e	BP-54	Canoubier (trav. du)
15e	AX-47	Canovas (pl. Alphonse)
12e	BN-39	Cantabres (imp. des)
8-10e	BT-48	Cantani (av. Jules)
15e	AX-47	Cap Horn (pl. du)
15e	BE-50	Cap Janet (ch. du)
15e	AY-49	Cap Pinède (av. du)
4e	BO-45	Capazza
14e	BD-40	Capel (du)
10e	BT-46	Capelette (av. de la)
10e	BT-46	Capelette (la) (quartier)
7e	BR-51	Capitale (de la)
7e	BP-54	Capricieuse (imp.)
15e	BE-46	Capricorne (du)
8e	BV-49	Capriers (imp. des)
12e	BN-42	Capron (trav.)
1er	*BO-49	Capucines (pl. des)
12e	BO-42	Capus (bd)
16e	AX-52	Capus (imp.)
11e	BV-30	Caransane (trav. de la)
3e	AX-47	Caravelle
10e	BV-42	Carbonnel (bd)
15e	BI-48	Caria (trav. Antoine)
7e	BQ-52	Carles (imp.)
1er	*BP-48	Carli (pl. Aug. et Fr.)
8e	BU-50	Carmagnole (bd)
13e	BJ-37	Carmagnole (passage)
2e	*BN-50	Carmelins (des)
14e	BL-46	Carmélites (av. des)
11e	BU-33	Carminati (bd J.)
9e	BX-48	Carnavalet
15e	BH-49	Carnègie ⑯
2e	*BN-50	Carnot (pl. Sadi)
9e	BV-46	Caroline (all.)
16e	AX-52	Caronte (av. de)
12e	BM-42	Carpeaux (bd)
9e	CC-34	Carpiagne (quartier)
4e	BM-44	Carrel (Alexis)
11e	BR-28	Carrérade (ch. de la)
12e	BE-42	Carrère (av. P.)
13e	BK-43	Carrié (pl. Pierre)
7e	BP-54	Carrière (imp.)
14e	BJ-47	Carrière (de la)
15e	AX-44	Carrière (de la)
16e	AX-50	Carrière (ch. de la)
14e	BD-43	Carrières (ch. des)
13e	BF-35	Carrousel (imp. du)
8e	BX-52	Cartailhac (pl. Emile)
7e	BP-54	Cartaux (Général)
8e	CA-56	Carthage (trav. de)
3e	BL-48	Cartier (av. Alphée)
2e	BN-50	Cartiers (des)
2e	BN-50	Cartiers (trav. des)
11e	BM-37	Cartonnerie (bd de la)
12e	BO-41	Cartonnerie (imp. de la)
16e	AZ-52	Carvin (imp.)
4e	BM-45	Cas (Eugène)
4e	BO-44	Cas (imp.)
4e	BP-44	Cas (trav.)
15e	AX-46	Casablanca (bd de)
14e	BG-46	Casanova (bd Danielle)
14e	BI-48	Casanova (bd Danielle)

Arr.	Carreau	Appellation

4e · BN-45 · Cascade (de la)
7e · BQ-54 · Cascade (trav. de la)
15e · BE-48 · Cascade (av. de la)
· BP-45 · Caseneuve
3e · *BM-48 · Caserne (de la)
16e · BA-50 · Casile
10e · BS-47 · Casimir (P.)
15e · AW-46 · Casino (trav.)
8e · BK-44 · Casse (bd Jean)
8e · BS-51 · Casse Cou (trav.)
3e · BK-48 · Cassin (René)
4e · BN-46 · Cassini (bd)
16e · AW-54 · Cassinie (imp.)
6e · BF-46 · Cassiopée
8e · BS-49 · Cassis (de)
9e · BY-46 · Cassis (ancien chemin de)
16e · AY-51 · Cassone (bd Jacques)
16e · AW-55 · Castejon (mont. Antoine)
16e · AZ-51 · Castel (ch. Gaston)
10e · BU-43 · Castel Joli (av.)
7e · BQ-52 · Castelet
9e · BZ-48 · Castelet (all. du)
9e · AV-45 · Castelin (imp.)
6e · BR-49 · Castellane (pl.)
8e · BR-49 · Castellane (quartier)
11e · BS-42 · Castellane (porte)
15e · AX-49 · Castellane (la) (cité)
15e · BD-45 · Castellas (av.)
8e · BZ-51 · Castéropoulos (rond point Constantin)
13e · BI-41 · Castors (cité des)
15e · BE-46 · Castors (pl. des)
15e · BE-46 · Castors de Servières (quartier)
15e · BD-46 · Castors des Ayglades (cité)
15e · BE-46 · Castors la Germaine (quartier)
11e · BV-36 · Cat (imp.)
11e · BZ-32 · Catacholis (bd des)
8e · BO-53 · Catalans (des)
2e · BN-50 · Cathala (Jean Marc)
2e · BN-51 · Cathédrale (de la)
15e · BC-48 · Catrano (bd)
14e · BG-43 · Caune (bd)
3e · BL-47 · Caussemille
16e · BA-50 · Cauvet (bd)
9e · CC-49 · Cauvière (bd)
9e · BZ-50 · Cauvin (bd)
12e · BQ-43 · Cauvin (du Docteur)
4e · AX-53 · Cavaière (Emile)
3e · *BM-47 · Cavaignac
11e · BV-36 · Cavaillon (trav. de)
15e · AX-49 · Cavalière (all.)
13e · BE-37 · Cavallino (imp.)
13e · BH-33 · Cavaou (quartier)
2e · BN-50 · Caylus (imp. François De)
8e · BY-52 · Cayol (bd Baptistin)
8e · BY-52 · Cayol (imp. Baptistin)
9e · CA-49 · Cayol
9e · BZ-48 · Cayol (all. Pierre)
9e · BZ-49 · Cayol (R.)
9e · CD-51 · Cayolle (bd de la)
9e · BW-48 · Cazalet Jacquet
2e · BJ-49 · Cazemajou (pl.)
2-3e · BJ-49 · Cazemajou
4e · BP-45 · Cazeneuve (imp. Clémence de)
12e · BP-42 · Cazeneuve (trav.)

13e · BJ-40 · Cazoran (bd de)
12e · BQ-42 · Cécile (av.)
14e · BJ-45 · Cédrats (des)
9e · BW-46 · Cèdres (av. des)
9e · CC-50 · Cèdres (bd des)
11e · BX-33 · Cèdres (av. des)
13e · BN-35 · Cèdres (groupe des)
7e · BS-52 · Célina
3e · *BM-46 · Cent Quarante et Unième R. I. A. (du)
15e · BE-46 · Centaure (all. du)
11e · BU-33 · Central
11e · BZ-32 · Central (bd)
13e · BL-41 · Central (bd)
14e · BF-45 · Central (bd)
9e · BV-46 · Centrale (all.)
10e · BT-42 · Centrale (av.)
11e · BV-28 · Centrale
11e · BZ-32 · Centrale (trav.)
13e · BG-36 · Centrale
8e · CB-56 · Centre (bd du)
12e · BP-39 · Centre (du)
12e · BP-39 · Centre (du)
15e · AV-45 · Centre (du)
4e · BO-45 · Cerati (pl. Philippe)
10e · BX-44 · Cercle (imp. du)
12e · BZ-38 · Cercle (du)
16e · AX-54 · Cercle (mont. du)
9e · AY-53 · Cerisier (trav. du)
12e · BO-40 · Cerisiers (bds des)
15e · AZ-51 · Cerisiers (bds des)
15e · BG-49 · Cerisiers (des)
10e · BS-48 · Cerrato (ch.)
9e · CC-51 · Cervantès (all.)
5e · BQ-46 · César (J.)
15e · BD-46 · Cévennes (all. des)
16e · BA-50 · Ceyreste
6e · *BP-49 · Cézanne (pl.Paul)
6e · *BQ-49 · Chabanon
13e · BJ-41 · Chabaud (Auguste)
8e · BY-50 · Chabert
12e · BM-41 · Chabot (bd Fernand)
13e · BO-35 · Chabot (Fernand)
8e · CA-52 · Chabrier (all. E.)
9e · CC-51 · Chabrier (all. Emmanuel)
9e · CB-49 · Chaine (ch. de la)
16e · AZ-51 · Chaine (mont. de la)
15e · BH-49 · Chaise
7e · *BP-51 · Chaix
8e · BT-51 · Chalet (av. du)
8e · BT-49 · Chalet (du)
9e · CD-49 · Chalet (bd du)
9e · BW-47 · Chalet (trav. du)
9e · CA-45 · Chalets (ch. des)
9e · CA-45 · Chalets (imp. des)
11e · BX-35 · Chalets (trav. des)
16e · W-44 · Chalets (imp. des)
8e · CA-54 · Challier de Néri (bd)
13e · BL-45 · Chalusset
16e · BB-50 · Chamant (rond point Francis)
12e · BO-46 · Chamois (all. des)
9e · BY-47 · Champ Fleuri (cité)
11e · BV-26 · Champêtre (imp.)
15e · BC-55 · Champs (des)
3e · BL-49 · Chamson (André)
8e · BZ-55 · Chancel (bd)
7e · BR-53 · Chanot
7e · BR-53 · Chanot (trav.)
4e · BO-45 · Chantal (Jeanne De)
12e · BP-34 · Chante Cigale (bd)

10e · BW-42 · Chante Perdrix (trav. de)
7e · BQ-52 · Chantecler
9e · CB-48 · Chantecler
11e · BX-33 · Chantecler (mont.)
12e · BO-36 · Chantefleurie (imp.)
12e · BO-36 · Chantefleurie (trav.)
3e · BK-49 · Chanterac
9e · CD-50 · Chanteraine (villa)
7e · *BO-51 · Chantier (du)
13e · BN-37 · Chantoisel (imp.)
9e · BO-47 · Chape
1er · *BN-49 · Chapeliers (des)
3e · BJ-49 · Chapelle (de la)
9e · BV-46 · Chapelle (bd de la)
11e · BV-28 · Chapelle (trav. de la)
13e · BJ-39 · Chapelle (imp. de la)
14e · BH-45 · Chapelle (bd de la)
9e · AY-51 · Chapelle (imp. de la)
11e · BW-37 · Chapelle de Nazareth (pl.)
1er · *BN-48 · Chapitre (le) (quartier)
14e · BG-44 · Chappe (imp. Jean)
13e · BK-35 · Chappes (ch. des)
11e · BU-39 · Chapron (bd P.)
4e · BP-45 · Chapuis (Y.)
12e · BQ-43 · Charbonnelle (bd de la)
2e · BI-51 · Charbons (quai aux)
2e · BM-52 · Charcot (quai Jean)
2e · BL-50 · Charcot (trav.)
11e · BV-33 · Chardigny (av. F.)
13e · BL-38 · Chardonnerets (all. des)
2e · BN-50 · Charité (de la)
2e · BN-50 · Charité (trav. de la)
12e · BN-42 · Charlemagne (bd)
11e · BU-38 · Charles (bd)
8e · BU-51 · Charley (imp. J. J.)
12e · BO-43 · Charlotte
16e · AY-51 · Charmasson (ch. Gilbert)
3e · BJ-48 · Charpentier (bd)
12e · BO-37 · Charpin (F.)
7e · BO-53 · Charras
16e · AX-53 · Charron (trav. du)
13e · BF-35 · Chars (des)
4e · BN-45 · Chartreuse (de la)
4e · BO-45 · Chartreux (av. des)
4e · BN-44 · Chartreux (les) (quartier)
7e · BO-53 · Charvé (Léon)
3e · BJ-48 · Charvet
3e · BJ-48 · Charvet (imp.)
8e · CD-60 · Chasseur (du)
11e · BV-27 · Chasseurs (imp. des)
9e · BY-53 · Château (mont. du)
8e · BU-52 · Château (all. du)
10e · BS-44 · Château (du)
12e · BO-39 · Château (imp. du)
14e · BI-47 · Château (trav. du)
13e · BJ-39 · Château Belmont (rés.)
14e · BH-42 · Château de Vento (trav. du)
7e · BP-54 · Château d'If (du)
5e · BR-48 · Château du Mûrier
11e · BW-36 · Château Forbin (quartier)
3e · BK-42 · Château Gombert (ancien chemin de)
13e · BH-39 · Château Gombert (av. de)
13e · BH-35 · Château Gombert (quartier)
2e · BN-51 · Château Joly (pl.)

Arr.	Carreau	Appellation
2e	BN-51	Château Joly
5-6e	*BQ-48	Château Payan
11e	BW-31	Château Régis (le) (quartier)
11e	BU-39	Château Saint Jacques (rés.)
2e	BJ-49	Château Vert (trav. du)
7e	BP-53	Chateaubriand (de)
1er	*BP-49	Châteauredon
15e	BC-48	Chatelier (Le)
15e	BF-48	Chaudelle (trav. de)
15e	AW-45	Chaufferie (imp. de la)
9e	BX-47	Chaulan (bd)
13e	BH-40	Chaussegros (bd)
13e	BH-40	Chaussegros (trav.)
6e	BR-48	Chauvelin
4-5e	*BP-48	Chave (bd)
9e	BQ-45	Chave (bd)
7e	BR-53	Chazel (imp.)
15e	AX-47	Chemin de Fer (imp. du)
16e	BA-49	Chemin de Fer (trav.)
10e	BW-41	Cheminots (ch. des)
9e	BY-45	Chêne (bd du)
8e	BT-49	Chêneaux
9e	BX-47	Chênes (bd des)
8e	BW-42	Chênes (bd des)
11e	BV-27	Chênes (imp. des)
15e	BD-46	Chênes Verts (all. des)
11e	BN-44	Chenil (imp. du)
6e	*BQ-51	Cherchell (Plateau)
7e	BS-52	Cherenton (trav.)
10e	BW-43	Chevalier (trav.)
2e	BL-49	Chevalier Paul
2e	BN-50	Chevalier Roze (du)
1er	*BO-48	Chevillon (Fr.)
11e	BY-32	Chevillon (bd F.)
11e	BE-47	Chèvre (trav. de la)
10e	BV-45	Chèvrefeuilles (all. des)
12e	BO-43	Cheysson (Marius)
8e	BZ-51	Chiapale (imp.)
12e	BO-43	Chicot
12e	BO-44	Chicot (trav.)
16e	AX-54	Chieusse (bd Roger)
14e	BG-42	Chinon (bd de)
13e	BG-31	Chique (la) (quartier)
2e	BN-50	Chirat (pl. Fr.)
8e	BL-44	Chopin (trav. F.)
11e	BW-35	Chouquet (imp.)
8e	BR-51	Christ (du)
8e	CB-49	Christ (pl. du)
4-13e	BL-45	Chutes Lavie (av.)
14e	BM-45	Chutes Lavie (quartier)
14e	BL-45	Chutes Lavie (cité des)
15e	BD-48	Ciccion
8e	BP-54	Cieussa (bd Augustin)
12e	BO-42	Cigale (av. de la)
9e	BX-46	Cigales (imp. des)
10e	BU-42	Cigales (av. des)
11e	BW-27	Cigales (bd des)
11e	BY-32	Cigales (esc. des)
11e	BW-27	Cigales (imp. des)
11e	BX-27	Cigales (les) (quartier)
11e	BY-33	Cigales (mont. des)
12e	BO-41	Cigales (av. des)
12e	BO-42	Cigales (imp.)
16e	AY-50	Cigales (all. des)
12e	BS-38	Cigalons (av. des)
12e	BR-38	Cigalons (les) (cité)
13e	BV-37	Cimetière (trav. du)
13e	BO-35	Cimetière (ch. du)
13e	BG-34	Cimetière (trav. du)
14e	BJ-47	Cimetière (trav. du)
15e	BB-43	Cimetière (trav. du)
16e	AZ-50	Cimetière (trav. du)
15e	BC-48	Cinéma (trav. du)
16e	AY-51	Cinéma (du)
4e	BO-46	Cinq Avenues (les) (quartier)
8e	BN-45	Cinq Cent Couverts
7e	BO-54	Cinq Cent Orfèvres (des)
13e	BK-44	Cité (av. de la)
2e	BL-51	Cité de la Méditerranée (quartier)
5e	BQ-47	Cité des Platanes
7e	BR-52	Citerne (imp. de la)
10e	BO-42	Claire (imp.)
14e	BI-47	Claire (bd)
12e	BO-40	Claire Voie (trav. de la)
9e	BX-45	Clairière (rés. la)
5e	BP-47	Clairistes (des)
11e	BT-38	Clairval (rés. le)
1er	BL-49	Clapier
3e	BL-49	Clary (Désirée)
7e	BR-54	Clastrier (trav.)
9-10e	BW-45	Claudel (bd Paul)
12e	BO-38	Clématites (des)
13e	BK-43	Clématites (trav. des)
4e	BO-44	Clémence (all. M.)
6e	BR-51	Clémence
7e	BR-51	Clémence
4e	BO-46	Clemenceau (bd Georges)
13e	BL-41	Clément (bd)
11e	BS-42	Clémentine (trav. de la)
12e	BR-42	Clérissy (imp. J.)
12e	BR-42	Clérissy (Jean)
7e	BZ-52	Clerville (imp.)
4e	BN-45	Clinique (de la)
8e	BW-51	Clos Bey (av.)
8e	BP-34	Clos des Orfeuilles (le) (cité)
15e	BB-45	Clos Fleuri (trav. de)
11e	BN-29	Clos la Serisse (quartier)
2e	*BN-50	Clovisse (de la)
11e	BT-29	Clue (ch. de la)
8e	BT-49	Cluny (de)
12e	BS-38	Coccinelles (av. des)
9e	CD-45	Cochet (Henri)
7e	BP-53	Codaccioni (Paul)
16e	AY-50	Cohen (Albert)
9e	BW-48	Coin Joli (av. du)
1er	*BN-49	Colbert
9e	CD-50	Coli (av.)
9e	BY-48	Coli (imp.)
14e	BF-44	Coli (bd)
13e	BL-38	Colibris (rond point des)
11-10e	BU-40	Coll (Noël)
3e	BK-47	Collet (imp.)
8e	BT-53	Collet (bd du)
15e	BD-47	Collet (quartier)
15e	AX-46	Collet (trav.)
11e	BS-37	Collet des Comtes (le) (quartier)
13e	BG-37	Collet Redon (trav. du)
3e	BK-48	Collin
8e	CD-60	Colline (de la)
8e	BS-51	Colline (imp. de la)
8e	CB-57	Colline (imp. de la)
11e	BV-39	Colline (bd de la)
7e	BR-52	Colline Chanot
9e	CA-47	Colline Saint Joseph (ch. de la)
9e	BZ-47	Colline Saint Joseph (rés.)
6-8e	BS-51	Colomb (C.)
12e	BN-40	Colomba (imp. de la)
10e	BT-42	Colombani (av. D.)
16e	AW-55	Colombel (Etienne)
8e	CA-56	Colombel (du)
12e	BR-36	Colombier (mont. du)
14e	BK-46	Colonel (trav. du)
7-8e	BT-52	Colonies (des)
8e	BS-52	Colonies (imp. des)
8e	BW-50	Colonnes (av. des)
8e	BK-40	Columbia (av. Miss)
6e	*BP-50	Combalat (Docteur)
8e	BP-52	Combaud Roquebrune (Guy De)
9e	CC-46	Combe (bd Léonard)
15e	BE-46	Comète (sq. de la)
15e	BE-48	Commanderie (ch. de la)
15e	BE-48	Commanderie (imp. de la)
9e	BW-49	Commandeur (bd du)
12e	BP-34	Commandeur (trav. du)
13e	BN-35	Commandeur (trav. du)
15e	AY-45	Commandeur (ch. du)
15e	AY-46	Commandeur (imp. du)
13e	BI-38	Commerçants (des)
14e	BK-46	Commerce (av. du)
15e	BE-45	Commerce (pl. du)
3e	BK-48	Commissaire (du)
12e	BN-39	Compadieu (Jean)
12e	BN-39	Compadieu (av. Jean)
15e	BE-46	Compagons Bâtisseurs (pl.des)
4-12e	BP-50	Compassion (all. de la)
14e	BG-42	Compiègne (bd de)
12e	BN-40	Compostelle (bd de)
10e	BU-43	Comte (bd A.)
11e	BS-38	Comtes (trav. des)
12e	BS-37	Comtes Nord (les) (quartier)
11e	BS-37	Comtes Sud (les) (quartier)
12e	BN-37	Comtesse (bd de la)
12e	BN-37	Comtesse (groupe la)
4e	BN-45	Conception
5e	BQ-47	Conception (quartier)
8e	BZ-49	Concorde (bd de la)
11e	BU-33	Concorde (de la)
16e	BA-50	Condorcet
8e	BZ-54	Conglu (trav. du)
14e	BK-46	Conio
1er	BO-47	Consolat
1er	*BO-48	Consolat
16e	BB-49	Consolat Mirabeau (cité)
9e	CA-49	Constantin (pl.)
7e	*BQ-51	Constantine (av. de)
8e	BX-42	Constantino (pl.)
15e	BE-46	Constellations (av. des)
13e	BG-35	Consul (av. du)
2e	BO-50	Consuls (des)
7e	BQ-52	Conte (imp.)
8e	BZ-49	Conte (Louis)
1er	*BN-49	Convalescents (des)
16e	AX-54	Convention (de la)

MARSEILLE

Arr.	Carreau	Appellation	Arr.	Carreau	Appellation	Arr.	Carreau	Appellation
14e	BL-46	Converset (Paul)	5e	BQ-47	Crillon	8e	BZ-55	Dauphins (bd des)
13e	BL-42	Coopération (bd de la)	3e	*BM-48	Crimée (de)	4e	BN-44	Dauzac (bd)
13e	BL-42	Coopération (imp. de la)	7e	BP-52	Crinas	7e	BQ-52	David (av.)
11e	BU-33	Coopérative (bd de la)	3e	BE-47	Cristofol (Jean)	13e	BL-43	David (av. Timon)
5e	*BP-47	Copello (A.)	12e	BM-42	Cristol (bd M.)	2e	BN-50	Daviel (pl.)
8e	CA-58	Copello	11e	BX-33	Crocy (bd Henri)	4e	BO-45	Davin
13e	BJ-35	Copernic (Nicolas)	14e	BR-51	Croissant Doré (du)	15e	BG-49	Davin (imp.)
8e	BY-50	Coppée (bd Fr.)	6e	BR-51	Croix (mont. de la)	1er	*BP-49	Davso (Fr.)
1er	*BO-48	Coq (du)	7e	*BP-51	Croix (de la)	8e	BY-49	Debeaux (bd)
12e	BO-37	Coquette (de la)	13e	BH-35	Croix (trav. de la)	12e	BN-42	Debord (bd)
8e	CA-54	Corail (av. du)	14e	BH-43	Croix (trav. de la)	9e	BW-48	Debussy (av. Cl.)
12e	BN-42	Corbière (bd Tristan)	13e	BL-42	Croix de Fer (trav.)	6e	BR-50	Décanis (Th.)
9e	BY-44	Corbusier (av. Edouard Le)	4e	BO-47	Croix de Régnier	7e	BP-53	Decazes
13e	BL-43	Cordaire (bd de la)	15e	BE-46	Croix du Sud (bd de la)	14e	BI-47	Decormis (trav.)
11e	BU-37	Cordeau (imp. du)	13e	BK-37	Croix Rouge (av. de la)	4e	BM-44	Deiss (Edouard)
2e	BN-50	Cordelles (des)	13e	BK-36	Croix Rouge (la) (quartier)	11e	BX-28	Dejanire (imp.)
7e	*BP-51	Corderie (bd de la)	7e	BR-53	Croquants (mont. des)	5e	*BP-51	Dejean
6e	*BP-50	Corderie Henri Bergasse (pl. de la)	5e	BR-45	Cros (Pascal)	11e	BW-31	Dejean (imp.)
8e	CF-49	Cordesse	11e	BV-36	Crottes (av.)	10e	BT-45	Del Bello (A.)
14e	BG-43	Corfou (bd de)	15e	BH-49	Crottes (les) (quartier)	8e	CD-60	Delabre (bd Alexandre)
6e	BR-48	Corinthe (av. de)	16e	AZ-50	Crousillat (Antonin)	1er	*BO-49	Delacroix
7e	*BP-50	Corneille	9e	CA-44	Crovetto (av. J.)	16e	AY-51	Delague (imp.)
16e	BB-49	Corneille (trav.)	8e	BS-50	Croze Magnan (av.)	4e	*BP-50	Delanglade (Edouard)
12e	BN-40	Corogne (av. de la)	8e	BS-51	Croze Magnan (sq.)	12e	BO-39	Delanian (Elie)
13-14e	BK-43	Corot (av.)	6e	*BP-48	Crudère	8e	BU-42	Delbove (sq. S.)
10e	BV-41	Corps Expéditionnaire Français (du)	9e	BW-48	Cuénot (av. Eugène)	10e	BS-46	Delessert (av. B.)
15e	AX-47	Corsaires (bd des)	5e	BO-47	Curie	15e	AW-43	Delferrière (André)
7e	BP-52	Corse (av. de la)	9e	BW-48	Curie (av.)	8e	BS-50	Delibes (pl. Ernest)
9e	BZ-50	Cortiou (de)	13e	BE-37	Curie (pl.)	8e	CB-56	Délices (imp. des)
15e	AY-47	Corvettes (pl. des)	1er	*BO-48	Curiol	1er	*BN-48	Delille
13e	BG-36	Cos dou Jas (trav. du)	10e	BU-46	Curtel (Alfred)	7e	BO-52	Dellepiane (av. David)
8e	BF-46	Cosmonautes (all. des)	11e	BW-30	Curtil (Hilaire)	15e	BE-47	Delorme (la) (quartier)
15e	BE-46	Cosmos (sq. du)	12e	BO-43	Curtil	3e	BL-48	Delpech (imp.)
14e	BI-43	Coste (bd)	9e	BW-48	Cyclamens (all. des)	6e	BR-49	Delphes (av. de)
16e	AY-50	Coste (Pascal Xavier)	13e	BK-37	Cygnes (all. des)	8e	BZ-56	Delpin (bd)
8e	BU-52	Côte d'Azur (av. de la)	13e	BL-42	Cyprès (trav. des)	13e	BL-34	Delprat (bd Marcel)
7e	BP-52	Coteau (av.)	15e	AU-44	Cyprès (trav. des)	10e	BS-48	Delpuech (bd Vincent)
7e	BQ-53	Cotte (du Docteur J.)	15e	BB-49	Cyrano De Bergerac	6-8-10e	CD-60	Delrieu (mont. J.)
9e	CA-51	Cottreau (av. Marcel)	9e	BW-48	Cyrnos (av.)	2e	BN-50	Delui
8e	BI-49	Cougit	15e	BG-49	Cyrnos	13e	BJ-40	Demande (all. de la)
9e	BX-48	Coulange (Marie De)	15e	AY-47	Cystes (av.)	15e	BF-50	Demandolx (bd)
13e	BG-39	Coulomb (imp.)			**D**	14e	BK-46	Denise (imp.)
9e	BW-48	Couperin (v.)	4e	BM-46	Dagnan (bd Isidore)	8e	BY-53	Depret
2e	BN-35	Coupin (av. Alexandre)	4e	BM-46	Dahdah (bd)	16e	AZ-50	Deréal (imp. Colette)
12e	BN-42	Courbet (bd de l'Amiral)	4e	BM-46	Dahdah (imp.)	3e	BL-49	Desaix
11e	BV-37	Courencq	15e	BB-49	Dahlias (av. des)	8e	BZ-49	Desautel (av.)
9e	AY-45	Courtes (trav.)	9e	CC-48	Dahomey (bd du)	8e	CD-61	Désiré
12e	BO-39	Courtrai (imp. de)	16e	AW-54	Daino (trav.)	8e	BZ-46	Désirée (all. de la)
12e	BO-39	Courtrai (trav. de)	13e	BG-34	Dalbret (av. Paul)	14e	BH-41	Deslys (all. Gaby)
8e	BT-50	Cousin (imp.)	9e	BQ-45	Dallest (bd)	5e	BO-45	Desmond (Fr.)
9e	CA-47	Cousinery (trav.)	15e	AX-44	Dallon (imp.)	3e	CA-49	Desmoulins
2e	*BO-50	Coutellerie (de la)	14e	BJ-37	Dalmas (pl. Léonard)	3e	BL-47	Despieds
14e	BJ-46	Couvent (imp. du)	2e	*BN-50	Dames (des)	3e	*BM-48	Desplaces (bd Gustave)
14e	BK-46	Couvent (trav. du)	15e	BG-49	Damiette (de)	8e	BP-53	Dessemond (Cap.)
14-15e	BE-45	Coxe (Paul)	8e	BS-51	Daniliane (imp.)	13e	BI-39	Destanger Nolly (av.)
6e	BR-50	Crapelet (imp.)	7e	BO-54	Danjaume (sq. du Lieutenant)	9e	BW-47	Détaille (av. E.)
8e	BH-43	Crau (bd de la)	15e	AY-47	Danson (bd)	9e	CE-51	Deux Canards (bd des)
13e	BL-41	Crèche (de la)	4-5e	BP-46	Dantès (Edmond)	4e	BP-44	Deux Frères Freschi (all. des)
12-13e	BN-37	Crédence (de la)	3e	BL-47	Danton			
3e	BS-48	Crémieux (bd Edouard)	13e	BJ-37	Danton (imp.)	14e	BG-46	Deux Frères Romanetti (imp. des)
8e	BS-50	Crémieux (bd G.)	7e	BP-46	Dardanelles (bd des)			
8e	BR-51	Crémone	13e	BL-43	Dassy (pl.)	13e	BG-38	Deux Tours (trav. des)
15e	BB-47	Créneaux (bd des)	15e	BC-49	Daturas (av. des)	8e	BS-51	Devenson (all. du)
8e	BX-53	Crespi (bd)	13e	BL-43	Daudet (Alphonse)	4-5e	BO-47	Devilliers
8e	BW-47	Crespo (imp.)	9e	BW-47	Daugey (all.)	7e	BP-53	Di Fusco (A.)
15e	AX-45	Crest (Henri)	9e	BQ-45	Daumas (bd)	12e	BO-37	Diable (trav. du)
11e	BV-38	Crésus (trav.)	8e	BS-49	Daumier	15e	BE-48	Didier (bd Louis)
11e	BS-38	Crète (all. de)	15e	BD-46	Dauphine (la) (quartier)	15e	BE-48	Didier (imp. Louis)
			15e	BD-45	Dauphine (pl. de la)	8e	BN-40	Die (bd)
			15e	BE-49	Dauphiné (du)	6e	*BP-49	Dieudé
						12e	BO-42	Dijon (all. de)
						11e	BW-33	Diogène (trav.)

Arr.	Carreau	Appellation
13e	BK-37	Diouloufet (Marius)
15e	BB-45	Discorde (imp. de la)
11e	BV-36	Dix Août (du)
12e	BQ-43	Docteur (du)
10e	BW-43	Doize (Pierre)
14e	BG-43	Dolet (Etienne)
14e	BG-43	Dolet (imp. Etienne)
10e	BT-46	Dolfus (J.)
7e	BQ-53	Dollo (ch. Yves)
13e	BI-40	Domaine Val d'Azur (rés.)
9e	CB-47	Domergue (bd)
1er	*BN-49	Dominicaines (des)
11e	BT-40	Dominique (trav. de la)
11e	BC-47	Dominique (imp.)
15e	AV-46	Dominique (trav. M.)
5e	BQ-45	Don Bosco (bd)
9e	BY-45	Don Bosco (trav.)
14-15e	BI-48	Donaz (trav. Antoine)
14-15e	BE-45	Dorgelès (bd Roland)
16e	AX-54	Doria (Emile)
4e	BO-46	Dormoy (Marx)
10e	BS-46	Dubreuil (imp. A.)
14e	BJ-46	Duchemin (bd Jean)
7e	BP-52	Duchène (Ernest)
4e	BQ-45	Duclaux (Emile)
8e	CA-56	Duffau (trav.)
1er	*BO-49	Dugommier (bd)
1er	*BP-50	Dumarais
8e	BW-50	Dumas (av. Alexandre)
12e	BN-42	Dumas
12e	BO-39	Dumas (pl.)
8e	BU-50	Dumont d'Urville
4e	BN-46	Dunant (pl. Henri)
8e	BL-50	Dunkerque (bd de)
4e	BO-45	Duparc (bd Françoise)
14e	BJ-47	Duplessis (Jean)
7e	BR-52	Duployé (E.)
5e	BR-47	Dupont (imp.)
6-8e	BS-49	Dupré (P.)
1er	BT-43	Dupré
15e	BE-50	Dupré (imp.)
7e	BR-52	Dupuy (imp.)
7e	BP-53	Durand
10e	BU-42	Durand (pl. Guy)
14e	BG-44	Durand (pl. du Lieutenant Albert)
7e	BP-53	Durbec (imp.)
10e	BR-45	Durbec (imp.)
11e	BW-35	Durbec (imp.)
13e	BG-36	Durbec (bd Fernand)
12-13e	BN-38	Durbecs (trav. des)
13e	BG-33	Durbecs (les) (quartier)
13e	BL-38	Durbecs (mont. des)
11e	BX-33	Duruy (bd Victor)
4e	BM-44	Dussert (Jean)
12e	BJ-40	Dussuc (imp.)
8e	BT-49	Duveen (bd Lord)

Arr.	Carreau	Appellation
2e	*BM-50	Duverger
		E
11e	BZ-32	Eaux Vives (vallon des)
2e	BN-50	Eboué (Félix)
15e	BE-48	Ecertalin (imp.)
7e	BO-53	Ecole (de l')
15e	BC-46	Ecole Oasis (trav. de l')
4e	BO-51	Ecoles (des)
11e	BW-32	Ecoles (pass. des)
11e	BW-32	Ecoles (trav. des)
15e	BA-47	Ecoles (des)
16e	AX-53	Ecoles (des)
16e	AX-53	Ecoles (mont. des)
8e	BT-48	Economies (imp. des)
8e	BS-48	Economies (pl. des)
8e	BT-48	Economies (trav. des)
12e	BR-38	Ecureuils (av. des)
13e	BF-35	Ecuyers (des)
11e	BU-38	Edmond (bd)
6-7e	*BO-51	Edon (pl. du Colonel)
11e	BX-34	Edouard (trav.)
11e	BT-42	Eglantiers (imp. des)
7e	BP-54	Eglise (imp. de l')
9e	BW-47	Eglise (trav. de l')
11e	BV-39	Eglise (de l')
11e	BV-28	Eglise (imp. de l')
11e	BX-32	Eglise (imp. de l')
11e	BS-28	Eglise (trav. de l')
12e	BP-37	Eglise (descente de l')
13e	BK-35	Eglise (trav. de l')
14e	BG-43	Eglise (plateau de l')
15e	AW-48	Eglise (mont. de l')
15e	AZ-46	Eglise (imp. de l')
16e	AZ-50	Eglise de Saint André (pl. de l')
15e	AX-46	Eglise de Saint Antoine (trav. de l')
15e	AY-51	Eglise de Saint Henri (pl. de l')
8e	BP-37	Eglise de Saint Julien (pl. de l')
7e	BP-54	Eglise d'Endoume (pl. de l')
11e	BW-27	Eglise d'Eoures (pl. de l')
15e	BB-46	Eglise des Aygalades (pl. de l')
11e	BV-28	Eglise des Camoins (pl. de l')
15e	BA-47	Eglise du Père Spinoza (pl. de l')
5e	BP-47	Eglise Saint Michel (de l')
4e	BQ-46	Eguier (de l')
10e	BS-47	Eguison (d')
9-10e	BU-47	Eiffel (Gustave)
13e	BI-35	Einstein (Albert)
13e	BB-47	Eissero (de l')
12e	BP-43	Electriciens (des)
9e	BV-46	Elisa (all.)
10-11e	BV-40	Eléon (av.)
5e	BP-47	Emery (imp.)
8e	BY-53	Emile (imp.)
15e	BH-45	Emmanuelli (pl.)
13e	BK-40	Emy (bd)
14e	BF-44	En Haut (pl. d')
12e	BO-34	Enco de Botte (route d')
7e	*BP-51	Endoume (d')
7e	BP-52	Endoume (d')
7e	BQ-53	Endoume (quartier)
7e	BP-52	Endoume (vieux chemin d')

Arr.	Carreau	Appellation
7e	BP-52	Endoume
8e	BZ-56	Engalière (pl.)
9e	CA-49	Enjouvin
9e	CA-49	Enjouvin (imp.)
9e	CA-49	Enjouvin (pl.)
12e	BP-40	Enseigne Bisson (bd de l')
16e	BA-50	Ensues (d')
9e	CA-49	Entrecasteaux (d')
11e	BK-42	Entremont (d')
11e	BX-29	Entressen (imp. d')
11e	BG-32	Eole (trav.)
11e	BV-28	Eoures (mont. d')
11e	BV-27	Eoures (quartier)
12e	BP-39	Eparges (bd des)
5e	BP-46	Epée (Abbé de l')
5e	*BP-48	Epée (Abbé de l')
8e	CA-44	Eperon (ch. de l')
4e	BQ-45	Equateur (trav. de l')
13e	BL-37	Erable (imp. de l')
12e	BN-37	Erables (les) (quartier)
13-14e	BE-39	Escalet (de l')
11e	BR-52	Escaliers (mont. des)
11e	BV-39	Escaliers (trav. des)
10e	BV-43	Escalon
11e	CD-48	Escampoun (ch. de l')
15e	AX-49	Escapade (all. de l')
5e	BR-49	Escat (du Docteur)
5e	BP-47	Escoffier
11e	BW-26	Escourches (ch. des)
11e	BX-26	Escourches (les) (quartier)
11e	BW-26	Escourtines (les) (quartier)
11e	CA-32	Escourtines (vallon des)
6e	BR-48	Espérance (imp. de l')
13e	BL-42	Espérance (bd de l')
1-4e	BO-46	Espérandieu
2e	BL-50	Espercieux (pl.)
8e	CA-53	Espigaou (all. de l')
8e	CB-59	Espigaous (imp. des)
12e	BO-38	Espigoulier (de l')
9e	CD-51	Esposito (bd)
15-16e	AY-49	Esquinade (de l')
9e	CA-45	Esquiros (pl.)
8e	BT-46	Esquiros
13e	BM-36	Estanie (de l')
16e	AW-53	Estaque (l') (quartier)
16e	AX-54	Estaque (plage de l')
12e	BM-39	Estaunié (sq. E.)
1-6e	*BP-49	Estelle
11e	CC-47	Estello (pl. Santo)
13e	BF-34	Estello (pl. Santo)
8e	BT-52	Esterel (av. de l')
1er	*BP-50	Etienne d'Orves (d')
9e	CE-49	Estoupan (av.)
8e	BS-51	Estrangin (bd Georges)
8e	BS-51	Estrangin (bd Georges)
8e	BI-47	Etats Unis (des)
7e	BQ-53	Etienne (av. J.)
7e	*BP-51	Etienne (pl. J.)
1er	*BN-49	Etoile (de l')
12e	BO-38	Etoile (l') (cité)
15e	AU-44	Etoile (de l')
15e	BE-46	Etoile Polaire (av. de l')
14e	BF-42	Etoiles (imp. des)
16e	AX-54	Etroite
4e	BM-45	Eugène
15e	BG-49	Eugénie
10e	BS-48	Europe M. Brion (rond point de l')
1er	*BO-50	Euthymènes

Arr.	Carreau	Appellation
2e	*BN-51	Evêché (de l')
12e	BM-41	Excoffon (av.)
6e	*BQ-48	Eydoux
16e	AY-51	Eydoux (Emmanuel)
6e	BR-48	Eylau (d')
		F
1er	BN-46	Fabre (Guy)
6e	*BQ-48	Fabre (Aug.)
8e	BY-53	Fabre
9e	BW-47	Fabre (av.)
10e	BV-42	Fabre (bd M.)
11e	BY-33	Fabre (H.)
12e	BQ-43	Fabre (bd Henri)
12e	BQ-36	Fabre (bd Joseph)
12e	AV-46	Fabre (bd Henri)
16e	AX-53	Fabre (trav.)
13e	BJ-37	Fabre d'Eglantine (pl.)
1er	*BO-49	Fabres
11e	BU-30	Fabres (bd des)
11e	BU-30	Fabres (ch. des)
11e	BU-30	Fabres (trav. des)
15e	AZ-47	Fabres (imp. des)
15e	AV-46	Fabrettes (trav. des)
5e	BR-45	Fabrici (bd)
8-9e	BY-49	Fabrique (bd de la)
8e	BW-48	Fabry (av. Charles)
8e	BZ-55	Fach (trav.)
12e	BO-40	Faidherbe (bd)
11e	BS-40	Faïenciers (les) (quartier)
11-12e	BS-41	Faïenciers (trav. des)
13e	BL-37	Faisans (all. des)
12e	BQ-43	Faissole (bd)
4e	BM-43	Faïta (av. Vincent)
11e	BT-41	Falaise (de la)
16e	AW-54	Falaise (bd de la)
15e	AX-47	Falcot (bd)
9e	CC-51	Falla (av. M. De)
8e	BZ-52	Fallot (rond point Docteur A.)
6e	BR-50	Falque
15e	BB-46	Falque (bd)
15e	BB-46	Falque (imp.)
7e	BR-53	Fanelli
16e	AY-51	Fanfare (ch. de la)
13e	BJ-42	Farandoleurs (des)
13e	BK-40	Farandolle (imp. de la)
1er	*BN-49	Fare (de la)
8e	BS-49	Fargès
5e	BP-46	Faria (Abbé)
5e	BP-46	Faria (sq. Abbé)
7e	BQ-52	Farigoule (imp.)
11e	BZ-32	Farigoule (bd)
12e	BQ-36	Farigourette (imp. de la)
9e	CA-51	Farinière
1er	*BN-47	Farjon
16e	AX-53	Farrenc (bd)
8e	BQ-42	Farrère (Claude)
12e	BQ-36	Fathma (imp.)
2e	*BM-50	Fauchier
10e	BU-42	Fauré (G.)
7e	BQ-54	Fausse Monnaie (trav.)
8e	BD-50	Fauvette (imp. de la)
11e	BS-41	Fauvettes (av. des)
11e	BU-28	Fauvettes (bd des)
11e	BZ-32	Fauvettes (imp. des)
12e	BO-39	Fauvettes (bd des)
15e	AX-52	Favant (trav.)
15e	AY-46	Favart
6e	*BQ-49	Favier (Maurice)
1er	*BN-48	Fayette (La)
4e	BO-46	Fayolle (du Maréchal)
4e	BO-46	Fayolle (pl. Maréchal)
7e	BQ-53	Fédéli (imp.)
4e	BM-44	Fédération (bd de la)
12e	BO-41	Félibres (av. des)
13e	BF-36	Félibres (pl. des)
9e	CB-47	Félibrige (bd du)
3e	BL-46	Félix
12e	BO-42	Félix (av. H.)
16e	BA-50	Fellen (bd)
9e	BY-46	Fémy (av.)
10e	BT-46	Fénals (des)
6e	BQ-50	Fénelon
7e	BP-53	Fénelon et Guidicelli
11e	BT-31	Fenêtres Rouges (ch. des)
11e	BT-31	Fenêtres Rouges (les) (quartier)
11e	BS-30	Fenêtres Rouges (trav. des)
16e	AX-53	Fenouil (bd)
3e	BJ-46	Féraud (bd)
5e	BR-48	Féraud (de l'Abbé)
9e	BY-49	Féraud (imp.)
8e	BX-53	Férévoux (bd)
8e	BX-53	Férévoux (imp.)
3e	BI-36	Fermi (Enrico)
12e	BZ-46	Fernandel (av.)
5e	*BP-48	Ferrari
5e	BO-47	Ferrari
16e	AX-53	Ferrari (passage de la)
2e	BN-51	Ferrats (des)
3e	BK-48	Ferré (pass. Léo)
10e	BT-47	Ferrié (pl. Général)
3e	*BN-49	Ferry
15e	AX-46	Ferry (imp.)
1er	*BO-49	Feuillants
4e	BM-44	Feuilleraie (all. de la)
12e	BF-37	Fez (trav. de)
2e	*BN-49	Fiacres (des)
16e	AX-54	Fielas (passage du)
10e	BT-45	Fifi Turin (bd)
4e	BS-49	Fifres (des)
12e	BQ-39	Figone (av. de la)
8e	BT-49	Figueroa (imp.)
15e	AX-45	Figuier (imp. du)
4e	BN-44	Figuière (bd)
4e	BN-44	Figuière (imp.)
16e	AW-54	Fillat (bd Raymond)
12e	BP-43	Fillol (av.)
8e	BH-45	Finat Duclos (bd du Commandant)
15e	BA-47	Fine (Lieutenant)
1er	*BO-50	Fiocca (Henri)
6e	BR-49	Fiolle (Docteur)
4e	BS-47	Fissiaux (imp.)
1er	BN-47	Flammarion (bd Camille)
1er	BN-47	Flammarion (imp.)
15e	BD-46	Flandres (pl. des)
15e	BE-48	Flécher (imp.)
1er	*BN-48	Flégier
4-13e	BM-44	Fleming (bd Alexander)
10e	BO-41	Fleurs (av. des)
12e	BO-41	Fleurs (all. des)
12e	BO-42	Fleury (de)
8e	BS-49	Florac
9e	CA-51	Floralia
13e	BK-40	Flore (av. de)
13e	BJ-37	Floréal (all.)
8e	BR-44	Florensac (imp. de)
8e	BZ-50	Florette (Jean De)
10e	BU-43	Florian (av.)
10e	BJ-44	Florian (imp.)
14e	BJ-44	Florida (imp.)
-14e	BF-45	Floride (trav. de la)
7e	BQ-54	Flots Bleus (des)
7e	BQ-53	Flotte (trav.)
8e	BT-51	Flotte (av. Ferdinand)
12e	BR-42	Flotte (Gaston de)
9e	CE-51	Flûte (trav. de la)
8e	BP-45	Foch (av. du Maréchal)
4e	BO-46	Foch (pl. Maréchal)
13e	BN-35	Foenquinos (pl. Léon)
2e	BN-50	Folies Bergères (passage des)
11e	BT-39	Follereau (av. R.)
12e	BO-37	Fondacle (ch. de)
12e	BO-36	Fondacle (trav. de)
13e	BN-36	Fondacle (rés.)
13e	BM-36	Fondacle (trav. de la)
4e	BO-45	Fondère
2e	BN-51	Fonderie Vieille (imp.)
2e	BN-51	Fonderie Vieille
6e	*BP-49	Fongate
3e	BK-49	Fonscolombe (bd)
9e	CB-46	Font Séguine (bd de)
8e	BI-45	Font Vert (de)
14e	BJ-45	Font Vert (trav.)
3e	BK-47	Fontaine
8e	BR-52	Fontaine
8e	CD-60	Fontaine (de la)
6e	BV-46	Fontaine (bd de la)
9e	BZ-45	Fontaine (imp. Belle)
11e	BZ-32	Fontaine (bd de la)
11e	BU-33	Fontaine (de la)
14e	BE-42	Fontaine (ch. de la)
14e	BE-43	Fontaine (trav. de la)
1er	*BN-49	Fontaine d'Arménie
2e	BN-51	Fontaine de Caylus
2e	BN-51	Fontaine des Vents
2e	BN-50	Fontaine Neuve
12e	BP-43	Fontaine Sainte Anne
9e	CD-51	Fontaine Veyre (all. de la)
12e	BO-43	Fontainieu
6e	*BP-48	Fontange
2e	BM-50	Forbin (de)
11e	BX-37	Forbin (bd de la)
11e	BV-34	Forbin (mont. de la)
4e	BM-44	Force (imp.)
4e	BL-45	Force (trav.)
4e	BM-45	Forer (bd)
7e	BQ-53	Forest
7e	BQ-53	Forest (imp.)
8e	BH-43	Forge (bd Anatole de)
10e	BU-46	Forges (des)
10e	BS-47	Fornier
6e	BQ-51	Fort du Sanctuaire
12e	BQ-38	Fort Fouqué (trav. du)
6-7e	*BP-50	Fort Notre Dame
1er	*BO-50	Fortia
12e	BP-38	Fortifications (des)
8e	BO-46	Fortin
16e	BA-49	Foucard (imp. Louis)
4e	BO-45	Foucault (Charles De)
3e	BI-39	Foucault (bd)
14e	BJ-47	Foucault (Charles De)
13e	BL-41	Fougasse (imp. de la)
7e	BQ-53	Fouque (imp.)
13e	BL-43	Fouque (av. de l'Abbé Jean Baptiste)
16e	AW-54	Fouque (imp.)
7e	BP-53	Fouquet (B.)

Arr.	Carreau	Appellation
8e	CB-59	Four (trav. du)
7e	BP-53	Four à Chaux (du)
14e	BF-41	Four de Buse (le) (quartier)
14e	BF-42	Four de Buze (ch. du)
14e	BE-41	Four de Buze (trav. du)
2e	BN-51	Four du Chapitre
9e	BY-49	Four Neuf (trav. du)
13e	BM-43	Fourcade (rond point Marie Madeleine)
3e	BL-49	Fourcroy
12e	BP-39	Fourier
16e	AY-50	Fourmis (all. des)
13e	BM-35	Fournade (av.)
12e	BQ-40	Fourrier (bd L.)
12e	BR-41	Fourragère (av. de la)
12e	BQ-41	Fourragère (bd de la)
12e	BR-40	Fourragère (imp. de la)
12e	BQ-40	Fourragère (la) (quartier)
13e	BL-38	Frais Vallon (av. de)
13e	BL-41	Frais Vallon (av. de)
13e	BI-39	Frais Vallon (groupe)
4e	BQ-45	Fraissinet (bd)
8e	BU-50	Fraissinet (av. Jean)
4e	BM-45	France (bd Anatole)
16e	BA-50	France Indochine (rond point)
15e	BD-46	Franche Comté [20]
13e	BH-40	Francine (bd)
13e	BH-43	Francine (imp.)
8e	BT-50	Franck (av. C.)
8e	BY-53	Franck (bd)
8e	BY-50	François (av. F.)
13e	BN-36	Francs Tireurs (imp. des)
5e	BQ-45	Frangin (av. Louis)
15e	AY-47	Frégates (pl. des)
7e	BP-53	Frégier (bd Félix)
9e	BW-49	Frêne (av. du)
16e	BU-44	Frênes (imp. des)
16e	AY-51	Frères (trav. des)
3e	BL-48	Frères Brunon (des)
16e	BK-46	Frères Cubbedu (des)
11e	BY-33	Frères Pratesi (des)
8e	BS-51	Frescoule (imp. de la)
13e	BJ-35	Fresnel (Augustin)
15e	AX-48	Frèze (bd)
15e	AX-48	Frèze (imp.)
6e	BR-48	Friedland
7e	BQ-53	Frioul (trav. du)
8e	BY-50	Fronti (bd M.)
13e	BJ-37	Fructidor (bd)
13e	BH-40	Fruitière (imp. de la)
15e	BC-49	Fuchsias (av. des) [22]
13e	BG-35	Fumade (trav. de la)
13e	BX-33	Fusains (av.)
12e	BP-38	Fusains (all. des)
13e	BK-40	Fuveau (av. de)
		G
8e	BV-51	Gabès (bd de)
8e	BU-50	Gabrielle (av.)
7e	BQ-53	Gachet (Michel)
16e	AX-50	Gacon (Anne)
3e	BL-47	Gadenat (pl. Bernard)
15e	BC-47	Gaffarel (av. Paul)
7e	BS-51	Gagliardo
7e	BS-51	Gagliardo (imp.)
7-8e	BS-51	Gagliardo (trav.)
1er	*BN-49	Gaillard (Lucien)
3e	BK-48	Gaillard
12e	BN-42	Gaillard (bd)
13e	BI-39	Gaillardet (pl. du)
7e	BP-52	Gaîté (imp. de la)
15e	BF-46	Galaxies (des)
11e	BS-42	Galets (pl. des)
12e	BN-40	Galice (av. de la)
14e	BF-46	Galilée
5-10e	BR-47	Galinat (du Capitaine)
15e	AY-48	Galions (all. des)
15e	AY-48	Galions (pl. des)
8e	BV-50	Galipaux (imp.)
2e	BN-51	Galland (Jean)
8e	BY-54	Gallet (imp.)
9e	CE-51	Galoubet (trav. du)
1er	*BO-48	Gambetta (all. L.)
15e	BM-45	Gambetta (bd)
9e	BW-48	Ganay (bd G.)
2e	BL-50	Gantès (pl.)
14e	BF-40	Gardanne
8e	CA-56	Garde (imp. et trav. du)
1-8e	BT-52	Garde Freinet (av. de la)
8e	BU-50	Gardey (imp.)
13e	BU-50	Gardians (des)
14e	BH-43	Gardians (des)
14e	BD-39	Gardiette (de la)
11e	BY-32	Gare (av. de la)
11e	BV-36	Gare (bd de la)
14e	BB-46	Gare (bd de la)
15e	BB-46	Gare (bd de la)
16e	AX-52	Gare (av. de la)
10e	BU-43	Gare de l'Octroi (pl. de la)
15e	BD-48	Gare de Saint Louis (ch. de la)
2e	BJ-50	Gare Maritime (quai de la)
16e	AX-50	Garias (trav. du)
1er	*BO-49	Garibaldi (bd)
4e	BM-45	Gariel (bd)
12e	BQ-42	Garlaban (av. de)
10e	BR-48	Garnier
14e	BD-39	Garonette (ham. de la)
13e	BE-35	Garou (imp. du)
12e	BO-43	Garoutte (bd)
9e	BX-49	Garros (av. Roland)
14e	BD-40	Garros (Roland)
8e	BT-50	Gascogne (av. de)
15e	BD-46	Gascogne (av. de)
10e	BU-46	Gasquet (imp.)
16e	AZ-50	Gasquet (Joachim)
12e	BN-43	Gasquy (bd Ernest)
15e	BF-50	Gassend (mont. Auguste)
12e	BP-42	Gassendi (bd)
8e	BX-53	Gâtons (des)
8e	BX-53	Gâtons (imp. des)
8e	BY-53	Gaubert (imp.)
14e	BI-48	Gauchet (passerelle Eugénie)
9e	CA-49	Gaudibert (av.)
15e	BB-46	Gaudon (av. Auguste)
16e	AY-51	Gaudot (Alphonse)
1er	*BO-50	Gaulle (pl. du Général De)
11e	BW-37	Gaulois (mont. des)
3e	BL-48	Gautier
13e	BK-42	Gautier (bd)
4e	BO-44	Gavaudan
7e	BQ-52	Gavelière (de la) [24]
7e	BQ-53	Gavelière (imp. de la)
12e	BN-43	Gavoty (bd)
11e	BT-40	Gay (imp.)
5e	BR-47	Gay Lambert
9e	BY-47	Gaye (bd de la)
9e	BY-47	Gaye (pl. de la)
9e	BY-48	Gaye (trav. de la)
8e	BZ-56	Gayer (imp.)
8e	BT-49	Gaz (imp. du)
8e	BS-49	Gaz du Midi
12e	BR-40	Gazelles (all. des)
6e	*BP-51	Gazzino (trav.)
13e	BL-38	Gélinottes (all. des)
2e	BO-50	Gélu (pl. Victor)
15e	BE-46	Gémeaux (des)
13e	BL-42	Gémy (bd)
13e	BL-42	Gémy (imp.)
3e	CA-49	Gendarmerie (de la)
6e	BR-49	Gênes (de)
15e	BB-48	Genestelle (imp. de la)
7e	BS-51	Genêts (imp. des)
8e	CB-56	Genêts (bd des)
11e	BS-41	Genêts (imp. des)
14e	BJ-46	Genêts (mont. des)
14e	AX-45	Genêts (imp. des)
11e	BZ-31	Genévriers (all. des)
3e	*BM-48	Génie (du)
7e	BP-55	Génie (ch. du)
7e	BQ-52	Génie (trav. du)
13e	BE-34	Gênois (imp. des)
5e	BP-46	George
5e	BO-47	Gérando
14e	BH-41	Géraniums (des)
13e	BH-40	Gérard (bd)
9e	CB-47	Gerbe (ch. Adrien)
11e	BU-28	Germaine (bd de la)
14e	BJ-48	Germaine
15e	BC-48	Germaine
13e	BJ-37	Germinal
8e	BV-52	Gévy (imp.)
14e	BH-47	Gèze (bd du Capitaine)
13e	BL-43	Ghighizola (av.)
7e	BR-53	Giay
15e	BK-47	Gibbes (trav. de)
14e	BH-45	Gibbes (ch. de)
14e	BI-46	Gibbes (ch. de)
4e	BN-45	Gibert (Louis)
14e	BL-46	Gibraltar (trav.)
12e	BN-42	Gillet (bd)
12e	BN-43	Gillet (imp.)
5e	BQ-47	Gillibert
9e	BW-47	Gillibert (bd)
9e	BR-52	Gilloux (mont.)
7e	BS-52	Gilly (imp.)
10e	BS-47	Gilly (bd)
11e	BW-35	Gilly (bd)
13e	BK-41	Ginestet (le) (quartier)
9e	CD-49	Ginier (av. J.)
14e	BI-47	Ginier (bd)
9e	CA-49	Giono (J.)
11e	BT-42	Girand (bd)
1er	*BN-49	Girard (P. De)
5e	BQ-45	Girard (imp.)
7e	BP-53	Girard (imp.)
7e	BS-53	Girard (pass.)
7e	BO-53	Girardin
8e	CD-60	Giraud (pl. M.)
12e	BN-41	Giraud (imp. Romuald)
12e	BP-43	Giraud (imp.)
14e	BI-47	Giraud (bd)
15e	BB-45	Giraud (imp.)
11e	BW-26	Giraudone (la) (quartier)
10e	BV-42	Girbal (du Docteur)

Arr.	Carreau	Appellation
7e	BP-54	Girelle
8e	BV-52	Gironne (trav. de)
15e	AX-49	Giroud (av. Yves)
1er	*BO-49	Glace (de la)
14e	BL-46	Glacière (bd de la)
14e	BG-40	Glaïeuls (av. des)
1er	*BO-50	Glandevès
5e	BR-45	Godchot (bd de la)
13e	BK-37	Goélands (all. des)
15e	AX-48	Goélettes (all. des)
9e	CA-51	Goinard (rond point Professeur P.)
15e	BF-49	Golfe (imp. du)
13e	BG-36	Gombert (imp.)
6e	*BP-49	Gondard (Paul)
6e	*BQ-51	Gondrand (trav. Louis)
9e	BW-47	Gonella (av. M.)
5e	BQ-46	Gontard (J.)
2e	BS-47	Gorde
7e	BP-52	Gorge (de la)
5e	BQ-47	Gouard
15e	BC-48	Goudard (pl. Louis)
8e	CB-58	Goudes (les) (quartier)
6e	BR-48	Gouffé (crs)
10e	BS-48	Gouffé (pl.)
9e	CA-48	Gouffonne (imp. de la)
9e	CB-48	Gouffonne (trav. de la)
6e	BR-48	Gouin
8e	BZ-53	Goumiers (av. des)
8e	BY-53	Goums (imp. des)
9e	BZ-48	Gounod (pl.)
11e	BT-27	Goup de Roubaud (ch. du)
2e	BM-50	Gourjon
3e	BJ-48	Gouzian (bd)
8e	CA-52	Goya (all.)
3e	*BM-48	Gozlan (Léon)
15e	BD-48	Grac (bd)
13e	BI-38	Gracieuse (av.)
7e	BS-53	Graff (imp.)
15e	AX-47	Graille (mont.)
9e	CB-51	Granados (all.)
9e	BQ-55	Grand Balcon
16e	AY-50	Grand Camp (bd du)
13e	BE-34	Grand Chapiteau (du)
9e	CA-45	Grand Gorge (av. de la)
8e	BZ-56	Grand Large (promenade du)
13e	BN-35	Grand Pascal (du)
13e	BN-35	Grand Pascal (pl. du)
8e	BU-49	Grand Pavois (rés. le)
15e	AV-45	Grand Pin (imp. du)
9e	BX-46	Grand Pré (av. du)
12e	BQ-36	Grand Pré (lotissement le)
12e	BR-38	Grand Rue
13e	BK-35	Grand Rue
2e	BN-50	Grand' Rue
12e	BR-35	Grand Valla (trav. du)
13e	BM-37	Grand Verger (le) (cité)
1er	*BO-48	Grande Armée (de la)
9e	BY-46	Grande Bastide (av. de la)
9e	BY-49	Grande Bastide (imp. de la)
11e	BW-28	Grande Bastide (la) (quartier)
13e	BM-37	Grande Bastide (trav. de la)
11-12e	BR-40	Grande Bastide Cazaux (all. de la)
12e	BR-40	Grande Bastide Cazaux (la) (quartier)
2e	BI-50	Grande Bigue (quai de la)
15e	BF-46	Grande Ours (de la)
11e	BW-27	Grandes Bastides (ch. des)
11e	BW-27	Grandes Bastides (les) (quartier)
2e	*BN-49	Grands Carmes (des)
2e	*BM-49	Grands Carmes (les) (quartier)
2e	*BN-50	Grands Carmes (pl. des)
10e	BV-43	Grands Pins (bd des)
15e	BA-45	Grands Pins (bd des)
9e	CB-48	Grandval (rés.)
9e	CB-46	Grandval (trav.)
13e	BN-35	Granet (pl.)
8e	BW-50	Grange (av. E.)
12e	BO-40	Grange (imp. de la)
7e	BR-54	Grange (rue du Frédéric Docteur)
11e	BV-38	Granière (de la)
11e	BV-37	Granière (trav. de la)
13e	BI-38	Granjean (bd)
13e	BH-38	Granjean (trav.)
4e	BM-44	Granon
4e	BP-46	Granoux
9e	BV-46	Gras (av. U.)
13-14e	BD-39	Gratteloup
16e	BA-50	Grawitz (bd)
13e	BL-42	Grenier (du Docteur)
11e	BX-31	Grévy (bd Jules)
12e	BM-41	Grévy (bd J.)
1-6e	*BP-50	Grignan
13e	BH-39	Grillons (av. des)
16e	AY-50	Grillons (all. des)
12e	BO-43	Grimaldi Regusse (bd)
11e	BV-38	Grimon
10e	BV-42	Griottes (pl. des)
13-14e	BF-39	Grives (ch. des)
1er	BO-46	Grobet (Louis)
12e	BP-44	Groenland (imp. du)
11e	BS-41	Grognarde (trav. de la)
7e	BT-52	Grossetti (av. Général)
8e	CB-56	Grotte Rolland (bd de la)
10e	BV-40	Groupe Château Saint Cyr (cité)
12e	BS-39	Groupe la Moularde (cité)
11e	BV-38	Groupe le Bosquet (cité)
12e	BP-41	Groupe les Lierres (cité)
11e	BV-38	Groupe les Néréides (cité)
8e	CB-54	Groupe Marseilleveyre (cité)
8e	BV-50	Groupe Milan (cité)
10e	BV-40	Groupe Nord (cité)
11e	BT-39	Groupe Saint Régis (cité)
12e	BP-38	Groupe Scolaire (du)
6e	BR-51	Guadeloupe (de la)
6e	BR-51	Guadeloupe (imp. de la)
13e	BL-41	Gueidon (bd)
13e	BM-42	Gueidon (imp.)
8e	CA-57	Guérin (bd)
11e	BS-34	Guérin (imp.)
8e	BY-51	Guerre (rond point P.)
1er	*BO-48	Guesclin (Du)
3e	*BN-49	Guesde (pl. Jules)
12e	BP-42	Guey (bd)
1-3e	BM-47	Guibal
1er	BM-47	Guibal (imp.)
3e	BK-48	Guichard
3e	BK-48	Guichard (pl.)
15e	BA-47	Guichard (trav.)
15e	BC-48	Guichard (trav.)
16e	AZ-51	Guichard (imp.)
14e	BI-47	Guichoux (bd Louis)
3e	BM-45	Guigou (bd)
4e	BL-45	Guigou (imp.)
14e	BL-46	Guigou (imp. Fernand)
15e	BC-48	Guigues (bd)
15e	BC-48	Guigues (imp.)
9e	BW-47	Guilbaud (av. Commandant)
13e	BJ-38	Guillermin (bd)
15e	BB-47	Guillermy (ch. de la)
6e	BR-51	Guinée
3e	BL-49	Guinot (Melchior)
2e	BN-50	Guintrand
2e	BN-50	Guirlande (de la)
15e	AZ-47	Guizel (bd)
9e	BX-49	Guynemer (bd G.)
14e	BE-40	Guynemer (av.)
14e	BE-40	Guynemer (imp.)
15e	BG-49	Guyon (imp.)
12e	BP-39	Guys (P.)
12e	BP-43	Gymnastes (imp. des)
6e	*BQ-50	Gyptis
		H
12e	BP-43	Hagueneau (bd)
8e	BY-51	Haïfa (av. d')
12e	BR-38	Haïphong (d')
12e	BQ-43	Haïti (av. d')
12e	BQ-44	Haïti (d')
1er	*BN-49	Halle Puget (pl. de la)
8e	BZ-51	Hambourg (av. de)
15e	BA-48	Hanoï (bd d')
8e	BS-50	Harmonide (imp.)
16e	AX-53	Harmonie (imp. de l')
16e	AX-53	Harmonie (trav. de l')
11e	BV-38	Haute Granière (trav. de la)
11e	BX-28	Haute Muscatelle (la) (quartier)
13e	BL-36	Hauts Bois (des)
12e	BO-37	Hauts de Saint Julien (les) (cité)
1er	*BP-49	Haxo
10e	BS-48	Hébert (J.)
11e	BU-40	Heckel (av. du Docteur)
12e	BD-38	Helvétie (bd de l')
7e	BP-54	Henri
7e	BP-55	Henri (imp.)
9e	CA-50	Henri (Professeur)
15e	AZ-48	Henri (imp.)
16e	AY-52	Henrion (bd)
16e	AZ-51	Henry (imp. F.)
15e	AY-48	Hercule (av.)
11e	BX-33	Herminette (bd de l')
9e	CC-46	Hermitage (imp. de l')
15e	AZ-47	Hermitage (ch. de l')
15e	AZ-47	Hermitage (trav. de l')
13e	BI-40	Hérodote (bd)
1er	*BP-49	Héros
13e	BG-35	Héros (pl. des)
15e	BF-47	Héroult (av. Paul)
8e	BU-49	Herriot (bd E.)

Arr.	Carreau	Appellation
9e	CA-48	Hespérides (rés. Jardins des)
6e	BR-51	Hésus
3e	*BM-49	Heuse (Pasteur)
14e	BF-44	Hexagone (pl.de l')
13e	BK-38	Hirondelles (all. des)
3e	BL-48	Hoche
8e	BY-46	Hodoul (bd)
15e	AW-43	Home (imp. du)
7e	BP-55	Homère
4e	BO-45	Hondet
2e	BN-50	Honneurs (des)
1-3e	*BN-48	Honnorat
3e	*BM-48	Honnorat (imp.)
12e	BP-44	Honnorat (all. Gavoty)
4e	BM-45	Honoret
11e	BU-40	Honorine (imp.)
15e	BF-49	Honorine
4e	BP-45	Hopkinson (bd)
4e	BP-44	Hopkinson (sq.)
13e	BE-36	Hopper (bd)
7e	BQ-51	Horizons Clairs (all. des)
11e	BV-28	Horloge (et pl. de l')
15e	BC-49	Hortensias (av. des) 28
9e	BY-48	Horticulture (de l')
2e	BN-50	Hôtel de Ville (quartier)
1-2e	*BN-49	Hôtel des Postes (pl. l')
2e	BN-50	Hôtel Dieu (l')
2e	*BM-50	Hozier (l')
2e	*BN-48	Hugo (pl. Victor)
2e	*BN-50	Hugolins (des)
2e	*BN-50	Hugolins (pl. des)
5e	BQ-47	Hugueny
3e	BM-47	Hugues (Clovis)
3e	BY-53	Hugues (bd P.)
12e	BP-42	Hugues (bd)
14e	BK-47	Huile Nouvelle (imp. de l') 30
14e	BJ-47	Huilerie Nouvelle (trav. de l')
7e	*BO-51	Huiles (pl. aux)
11e	BV-37	Huit Mai 1945 (pl. du)
12e	BS-34	Humel (rond point Charles)
5-10e	BS-47	Hussards (trav. des)
8e	BV-48	Huveaune (imp. de l')
9e	BV-47	Huveaune (bd de l')
10e	BV-44	Icard (bd)
16e	AX-53	Icard (imp.)
2e	*BN-50	Icardins (des)
6e	BR-48	Iéna (d')
12e	BO-41	Ifs (all. des)
14e	BK-46	Ile de Beauté
8e	BU-51	Ile de France (av.)
8e	BU-52	Iles d'Or (av. des)
8e	CB-48	Iles d'Or (bd des)
9e	BX-50	Illyssia (d')
5e	BQ-46	Imbert (pl.)
12e	BP-37	Imbert (imp.)
6e	BQ-49	Imhaus (du Commandant)
14e	BI-48	Immaculée Conception (de l')
12e	BN-43	Indépendance (bd de l')
13e	BE-37	Indépendants (imp. des)
8e	BW-51	Indiana (quartier)
3e	BK-48	Industrieux (des)
14e	BJ-48	Intendance (rond point de l')
12e	BO-39	Interlaken (all. d')
7e	BQ-55	Intimes (imp. des)
12e	BQ-35	Irène (imp.)
9e	CC-49	Iris (imp. des)
16e	AW-54	Iris (mont. des)
8-9e	BZ-47	Isaac (Jules)
15e	AZ-45	Isabeau (imp.)
13e	BK-40	Isabelle (bd)
13e	BL-44	Isaïa (André)
13e	BF-36	Iscles d'Or (av. des)
15e	BO-47	Isidore (bd)
5e	BR-48	Isly (d')
7e	BS-53	Ismaël (trav. d')
16e	BA-50	Isnardon (bd)
1er	BO-47	Isoard (d')
6-8e	BO-49	Israël (d')
15e	AY-47	Issautier (trav.)
11e	BV-37	Issorel (av. A.)
6e	*BQ-49	Italie (d')
15e	BF-49	Italiens (bd des)
11e	BS-37	Ithaque (all. d')
4e	BM-44	Ivaldi (bd Jean Baptiste)
14e	BJ-43	Jacinthes (av. des)
13e	BJ-37	Jacobins (imp. des)
8e	BS-48	Jacquand (bd)
13e	BK-42	Jacques (bd)
14e	BI-46	Jaloux (Edmond)
15e	BC-48	Jamaïque (bd de la)
7e	BO-52	Jamot (av. du Médecin Colonel)
14e	BK-47	Jansolin (imp.) 32
8e	BU-51	Jardin de Thalassa (rés.)
4e	BO-45	Jardin des Plantes (imp. du)
4e	BN-45	Jardin Zoologique (bd du)
4e	BN-45	Jardin Zoologique (pl. du)
11e	BS-42	Jardins (pl. des)
1er	*BO-49	Jardins des Vestiges
9e	CC-50	Jarre (trav. de la)
4e	BO-45	Jarret (du)
13e	BE-38	Jas de Serre (trav. du)
15e	AW-46	Jasmin (trav.)
5e	*BO-48	Jaubert
5e	BP-47	Jaubert
8e	BY-50	Jaubert (bd)
8e	BS-49	Jauffret (M.)
10e	BS-47	Jauffret
1-5e	*BO-49	Jaurès (pl. Jean)
11e	BU-38	Jaurès (bd J.)
11e	BV-37	Jaurès (pl. Jean)
14e	BH-43	Javie (de la)
4e	BO-45	Jean
13e	BM-43	Jean (Robert)
16e	AX-53	Jeannette (trav.)
1er	*BO-48	Jemmapes
3e	BL-47	Jet d'Eau (du)
1er	*BO-49	Jeune Anacharsis (du)
7e	BO-54	Jeune France (imp.)
5e	BP-47	Jeunesse (de la)
3e	BM-46	Jobin
7e	BS-53	Joinville
2e	*BM-50	Joliette (de la)
2e	BL-50	Joliette (quartier)
2e	BM-50	Joliette (pl. de la)
2e	*BM-51	Joliette (quai de la)
2e	*BM-50	Joliette (tunnel de la)
13e	BI-37	Joliot Curie (Frédéric)
8e	BZ-52	Joncs (bd des)
8e	BY-52	Joncs (imp. des)
12-13e	BM-38	Jonquilles (ch. des)
13e	BL-39	Jonquilles (rés.)
15e	BG-49	Joseph (bd Marie)
15e	BI-49	Joséphine
15e	AX-49	Jougarelle (all. de la)
1er	*BO-49	Jouhaux (pl. Léon)
3e	BM-47	Jourdan (Fortuné)
9e	BZ-49	Jourdan (imp.)
10e	BT-46	Jourdan (trav.)
14e	BH-44	Jourdan (bd)
15e	BE-48	Journet (av.)
15e	BE-49	Journet (pl.)
7e	BP-53	Jouve
3e	BK-48	Jouven
7e	BR-53	Joyeux (des)
11e	BU-30	Joyeux (pl. des)
11e	BU-30	Joyeux (trav. des)
4e	BN-45	Jugan (Jeanne)
2e	*BO-50	Juge du Palais
6e	BR-49	Juifs (trav. des)
8e	BS-48	Juifs (trav. des)
4e	BN-44	Juin (bd Maréchal)
15e	BH-49	Jules (Julien)
5e	BR-47	Julia
3e	BK-48	Julien
6e	*BP-49	Julien (crs)
13e	BM-36	Julien (av.)
10-11e	BU-41	Juliette (trav. de la)
4e	BP-45	Jullian (C.)
12e	BM-38	Jullien (Docteur Robert)
16e	AX-54	Jumelles
3e	BL-48	Junot
3e	BL-48	Junot (imp.)
7e	BR-52	Jupiter (av.)
4e	BP-46	Juramy
4e	BO-45	Jussieu (de)
15e	AV-46	Juvenal (bd Jean)
16e	AZ-50	Kabylie (bd de)
12-13e	BN-39	Kaddouz (Charles)
12e	BP-40	Kallisté (av. de)
7e	BQ-54	Kennedy (corniche Président John)
3e	BL-48	Kléber
3e	BM-49	Kléber
9e	BW-48	Koch (av. M.)
9e	CB-48	Koenig (bd du Général)
1er	*BN-49	Korsec
14e	BJ-46	Kraëmer (bd)
4e	BN-45	Krügus
1er	*BN-48	Labadié (pl. Alexandre)
8e	BY-49	Labouly (bd)
12e	BP-43	Labrador (imp. du)
16e	BA-51	Labro (bd Jean)
16e	BA-50	Labro (imp.)
4e	BM-44	Labry
6e	BR-50	Lacédémone
4e	BN-45	Lacépède
9e	CC-43	Lachamp (route Léon)
13e	BL-43	Lacordaire (bd de)
16e	BA-50	Lacour Gayet
2e	BO-50	Lacydon (du)
5e	BQ-47	Laennec (du Docteur)
9e	BV-46	Laetitia (av.)
13e	BM-35	Lafferage
6e	*BP-49	Lafon
15e	BG-48	Lafuente (bd)
15e	BG-48	Lafuente (trav.)
13e	BL-40	Lagarde (bd)

Arr.	Carreau	Appellation
15e	BB-47	Lagarde (de la)
13e	BL-41	Lagnel (bd)
14e	BH-47	Lagrange (Léo)
14e	BJ-47	Laï (Sébastien)
15e	BB-46	Laitiers (trav. des)
15e	BC-48	Lajarre (imp.)
3e	BL-49	Lakanal
12e	BN-40	Lakmé (av.)
9e	CA-49	Lali
5e	*BP-48	Lalou (P.)
6-8e	BS-51	Lamartine
4-13e	BM-43	Lambert (bd)
7e	BP-52	Lamy (Commandant)
16e	BA-50	Lanata (Louis)
8-9e	CA-51	Lancier (ch. du)
9e	BZ-50	Lancier (rés. du)
11e	BU-38	Lanfranchi (av. de l'Abbé)
15e	AZ-47	Lange
6e	*BQ-48	Langeron
13e	BI-37	Langevin (Paul)
12e	BP-33	Langouste (imp. de la)
12e	BP-33	Langouste (trav. de la)
12e	BE-49	Languedoc (du)
15e	BA-47	Lanibois (pl. Joseph)
8e	BS-50	Lannes (du Maréchal)
12e	BP-40	Lanrezac (bd du Général)
13e	BK-37	Lanterne (imp. de la)
3e	BL-49	Lanthier
3e	BE-48	Laos (du)
12e	BN-41	Lapérouse
5e	BR-45	Lapeyre (Pol)
13e	BZ-52	Lapin Blanc (av.)
14e	BD-40	Lardiet (ham. du)
5e	BU-48	Lardin (rés. Général)
9e	BR-47	Lariven (Yves)
14e	BH-46	Larousse (bd)
14e	BI-46	Larousse (quartier)
14e	BH-47	Larousse (trav.)
9-10e	BW-46	Larrat (du)
10e	BU-45	Larrat (imp.)
14e	BF-41	Lathan
13e	BU-49	Latil (bd)
8e	BU-49	Latil (imp.)
10e	BS-47	Latil (av. G.)
9e	CB-48	Lattre De Tassigny (av. du Maréchal de)
8e	BT-46	Laugier
13e	BM-35	Laugier (quartier)
12e	BQ-43	Laugière (bd Baoumé)
12e	BR-50	Laurana (imp.)
6e	BQ-48	Laurent (Pierre)
7e	BR-51	Laurier (imp. du)
12e	BO-41	Lauriers (all. des)
12e	BO-41	Lauriers (imp. des)
10e	BV-42	Lauriers Roses (bd des)
10e	BV-42	Lauriers Roses (des)
10e	BQ-42	Lauriers Roses (av. des)
3e	BM-48	Lautard
11e	BT-41	Lauze (bd Mireille)
8e	BZ-54	Lauzier (av.)
10e	BW-45	Lavandes (all. des)
13e	BI-38	Lavandin (all. du)
13e	BK-41	Laveran (bd)
14e	BJ-47	Lavie
10e	BW-41	Lavigerie (du Cardinal)
7e	BP-52	Lavoir (du)
12e	BR-38	Lavoir (du)
14-15e	BF-47	Lavoisier (bd)
2e	BL-50	Lazaret (quai du)
12e	BP-43	Lazarine
10e	BU-46	Lazer (bd)
10e	BU-46	Lazer (trav.)
9e	CA-51	Le Mée (trav.)
8e	BX-51	Léau (P.)
2e	*BM-50	Leblanc (Vincent)
8e	BS-50	Lebrun
2e	*BM-50	Leca (Jean François)
3e	BM-48	Leca (Pierre)
11e	BT-38	Lecache (av. Bernard)
3e	BL-46	Leccia
3e	*BN-49	Leclerc (av. du Général)
15e	BE-49	Ledru Rollin (bd)
11e	BS-41	Lefèbvre (bd)
13e	BJ-41	Léger (Fernand)
4e	BM-45	Léglize (bd)
9e	BZ-50	Lègre (av. L.)
9e	BX-47	Leï Roure (av.)
6e	BR-51	Lejeune
1er	*BO-48	Lemaître
12e	BQ-43	Leman (bd du)
14e	BI-43	Lena (rond point Pascal)
2e	BN-51	Lenche (pl. de)
9e	BW-49	Léon (bd)
13e	BK-37	Léon d'Astros
4e	BN-46	Léouffre
4e	BN-46	Lepeytre
12e	BR-38	Leroy
14-15e	BJ-48	Lesseps (bd Ferdinand De)
12e	BQ-43	Lestrade (av. J.)
15e	BO-47	Letz (bd)
7e	BQ-52	Levant (du)
7e	BS-52	Levant (trav. du)
3e	BM-47	Levat
4e	BN-46	Leverrier (pl.)
16e	AZ-51	Lévy (pl. Clément)
13e	BK-40	Leydet (Victor)
8e	BP-49	Liandier
9e	CB-46	Liautard (ch. Frédéric)
14e	BH-48	Liban (trav. du)
11e	BS-37	Libérateurs (bd des)
1-4e	BO-47	Libération (bd de la)
1er	*BN-48	Liberté (bd de la)
11e	BV-40	Liberté (pl. de la)
7e	*BP-51	Lices (des)
15e	BF-46	Licorne
12e	BN-43	Lido (imp. de la)
11e	BX-53	Lierres (av. des)
1-6e	*BQ-49	Lieutaud (crs)
13e	BI-38	Lieutaud (trav.)
9e	BX-47	Lilas (av. des)
12e	BP-38	Lilas (des)
13e	BJ-40	Lilas (des)
14e	BG-40	Lilas (av. des)
15e	BC-49	Lilas (av. des)
13e	BH-33	Lilas Blancs (bd des)
15e	AU-45	Limite (bd de la)
15e	AX-45	Limite (bd de la)
15e	BE-46	Limousin (all. du)
4e	BO-50	Linné
4e	BN-45	Linots (des)
9e	BZ-50	Lion (imp. du)
16e	AX-54	Lion (trav.)
12e	BP-40	Lise (bd de la)
12e	BP-40	Lise (trav. de la)
8e	BT-43	Liserons (av. des)
14e	BE-39	Lissandre (de)
16e	AZ-52	Littoral (ch. du)
5e	BO-52	Livon (bd Charles)
5e	BQ-47	Locarno (de)
5e	BQ-48	Lodi (quartier)
	*BO-48	Lodi (de)
2e	BO-50	Loge (de la)
9e	CA-50	Logis Neuf (du)
5e	BO-45	Loiret (imp. du)
1er	*BP-48	Loisir (du)
11e	BT-41	Lombard (av. Jean)
15e	BB-45	Lombard (bd)
11e	BV-28	Long (imp.)
1er	BO-47	Longchamp (bd)
14e	BI-46	Longes (Paul)
1er	*BN-48	Longue des Capucins
9e	BY-46	Loo (André)
14e	BD-49	Loret (imp. Jean)
2e	BN-50	Lorette (passage de)
2e	BN-50	Lorette (pl. de)
8e	BT-48	Lorgues (de)
11e	BS-47	Lorrain (imp.)
8e	CA-54	Lorraine (bd de)
8e	BS-50	Lorraine (de)
14e	BJ-46	Lorraine (crs de)
12e	BO-42	Loti (Pierre)
11e	BT-30	Louard (bd du)
11e	BS-31	Louard (le) (quartier)
11e	BV-35	Loubets (trav. des)
5-6e	*BQ-48	Loubière (de la)
7e	BR-53	Loubière (imp. de la)
3e	BL-47	Loubon
14e	BG-46	Louisiane (bd de la)
8e	BT-49	Louvain (bd de)
8e	CD-61	Louvre (du)
13e	BL-43	Luc (bd)
10e	BU-50	Lucchesi (Paul)
8e	BZ-55	Luce
8-9e	BX-50	Luce (bd)
12e	BO-36	Lucet (imp.)
16e	AX-54	Lucrèce
10e	BS-45	Ludovic
12e	BN-39	Lugo (imp.)
1er	*BP-50	Lulli
8e	BU-50	Lumière (pl. Louis)
9e	CC-44	Luminy (av. de)
7e	BR-53	Lune (imp. de la)
4e	AX-48	Lunel (bd de)
14e	BG-47	Lussac (bd Gay)
16e	AW-50	Luzzatti (ch. de)
7e	BS-52	Lyautey (av. du Maréchal)
9e	CE-49	Lyautey (cité)
1er	*BO-48	Lycée (pl. du)
8e	BS-50	Lycée Périer (du)
12e	BQ-43	Lyon (bd)
15e	BG-40	Lyon (de)
14e	BG-40	Lys (av. des)

M

Arr.	Carreau	Appellation
7e	BR-52	Ma Mye (trav.)
14e	BH-46	Mabilly (bd Philippe)
7e	BD-53	Machard (plateau)
6e	BR-50	Madagascar (av. de)
6e	BR-50	Madagascar (imp. de)
2e	BN-51	Madeleine (trav. de la)
5e	BQ-46	Madon
2e	BI-49	Madrague (ch. de la)
8e	CA-57	Madrague (la) (quartier)
8e	CA-57	Madrague de Montredon (av. de la)
8e	CA-58	Madrague de Montredon (pl. de la)
2-15e	BD-49	Madrague Ville (ch. de la)

Arr.	Carreau	Appellation
2-15e	BG-50	Madrague Ville (trav. de la)
15e	BE-49	Madrague Ville (la) (quartier)
13e	BJ-40	Maero (trav. Laurent)
15e	BI-48	Magalo (bd de la)
15e	BX-48	Magalonne (av. de)
7e	BP-53	Magaud
9e	CA-49	Magdelon (D.)
1er	*BN-49	Magenta ㉝
1er	BN-47	Mages (du Commandant)
10e	BU-44	Maggio (imp.)
3e	BK-49	Magnan (trav.)
12e	CA-48	Magnan (bd)
9e	CA-49	Magnan (trav.)
15e	AY-47	Magne (imp.)
9e	BZ-50	Magnolias (all. des)
10e	BS-43	Magnolias (imp. des)
11e	BS-42	Magnolias (all. des)
15e	BC-49	Magnolias (av. des) ㉞
8e	BT-48	Maillane (bd de la)
13e	BF-36	Maillane (de la)
5e	BR-48	Maille (Antoine)
8e	BE-47	Maine (all. du)
8e	BZ-54	Maire (bd)
2e	BO-50	Mairie (de la)
14e	BH-47	Maison Blanche (bd de la)
14e	BH-47	Maison Blanche (trav. de la)
12e	BP-34	Maissa (bd)
2e	BN-51	Major (pl. de la)
13e	BE-35	Majorettes (imp. des)
2e	BN-50	Malaucène (de)
2e	*BM-50	Malaval
15e	BC-50	Malavasi (imp. Albarel)
7e	BQ-55	Maldorme (mont.)
15e	BA-44	Malette (imp. de la)
16e	AX-54	Malleterre (pl.)
16e	AX-54	Mallot
16e	AX-54	Mallot (imp.)
7e	BP-55	Malmousque
7e	BP-54	Malmousque (imp.)
5e	*BP-48	Malon (B.)
5e	BP-47	Malon (Benoît)
12e	BS-38	Malosse (av. Louis)
12e	BP-39	Malou (imp.)
13e	AX-47	Malouins (pl. des)
13e	BL-41	Malpassé (av.)
13e	BK-41	Malpassé (quartier)
13e	BL-42	Malpassé (trav.)
8e	BZ-51	Malrieu (av. J.)
12e	BP-34	Malvina (imp. de la)
12e	BP-35	Malvina (trav. de la)
8e	BW-50	Mamelucks (trav. des)
13e	BI-39	Manadiers (des)
13e	BE-36	Manen
10e	BV-42	Mangin (bd du Général)
12e	BO-39	Manière (imp. Le)
4e	BP-45	Manière
12e	BN-39	Manon (av.)
13e	BM-34	Manon des Sources
14e	BG-46	Manosque (bd de)
11e	BY-31	Manoukian (av.)
11e	BX-35	Maque (ch. de la)
13e	BK-42	Marabout (de)
8e	CA-57	Marbrerie (trav. de la)
9e	CA-49	Marcaggi (S.)
2e	*BM-49	Marceau (pl.)
10e	BV-43	Marcel (bd Achille)
12e	BM-40	Marcel (bd)
11e	BV-37	Marchand (E.)
11e	BS-42	Marché (pl. du)
15e	BJ-49	Marché (du)
1er	*BO-49	Marché des Capucins (du)
14e	BF-46	Marché National (av. du)
2e	*BM-51	Marchetti
15e	BF-49	Mardirossian (trav.)
6e	*BO-49	Marengo
11e	BX-34	Margaillan (bd L.)
12e	BO-41	Margaillan (bd)
13e	BL-42	Margelle (imp. de la)
14e	BH-43	Margeray (la) (quartier)
12e	BP-39	Marguerites (bd des)
13e	BK-43	Marguerite (plateau des)
6e	*BQ-51	Maria (pl. Sancta)
8e	BT-50	Maria (imp.)
8e	BD-48	Mariani (René)
16e	AX-53	Mariaud
10e	BS-46	Marie (G.)
13e	BM-35	Marie (la) (groupe)
15e	AV-46	Marie (av. Anne)
12e	BQ-41	Marie Christine (rés. la)
8e	BY-51	Marie Louise
10e	BS-45	Marie Louise
13e	BH-40	Marie Louise (bd)
15e	BC-47	Marie Louise (trav.)
7e	BQ-52	Marignan
7e	*BQ-51	Marignan (imp.)
14e	BI-42	Marigny (av.)
8e	BT-51	Marin (A.)
8e	BE-50	Marin (bd)
11e	BV-37	Marinette (imp.)
16e	AW-53	Marinier (ch. du)
9e	CF-49	Marion (bd Louis)
12e	BP-36	Marionne (bd de la)
12e	BP-35	Marionne (imp. de la)
12e	BP-36	Marionne (trav. de la)
15e	BE-49	Maritime (trav.)
8e	CA-57	Marius (imp.)
13e	BI-39	Marjolaine (all. de la)
15e	AX-46	Marjolaine (imp. de la)
12e	BN-39	Marmots (av. des)
12e	BQ-37	Marne (bd de la)
2e	BK-50	Maroc (quai du)
12e	BP-36	Maroc (imp. du)
12e	BP-36	Maroc (trav. du)
13e	BJ-41	Marquet (Albert)
7e	BQ-52	Marquier
8e	BY-53	Marquier (imp.)
9e	BX-48	Marquise (de la)
12e	BP-36	Marrakech (bd de)
13e	BL-37	Marre (ch. de la)
5e	BQ-48	Marron (Virgile)
8e	CD-61	Marronnaise (route de la)
9e	CA-49	Marronnier (av. du)
10e	BU-43	Marronniers (bd des)
11-12e	BS-34	Marronniers (trav. des)
13e	BL-41	Marronniers (all. des)
13e	BK-44	Marronniers (les) (quartier)
14e	BK-45	Marronniers (imp. des)
15e	BE-46	Mars (de)
1er	*BN-48	Marseillaises (pl. des)
7e	BP-54	Marseille (de)
8e	CB-57	Marseilleveyre (bd de)
8e	CB-56	Marseilleveyre (imp. de)
2e	BN-51	Martegales (des)
13e	BM-37	Martegaux (ch. des)
13e	BM-36	Martegaux (les) (quartier)
1er	*BN-49	Martel (imp. Tancrède)
11e	BS-27	Marteleine (ch. de la)
9e	CA-50	Martheline (av. de la)
12e	BO-38	Marthes (imp. des)
5e	BQ-46	Martin (Jean)
15e	AY-45	Martin (imp.)
15e	BA-50	Martin (trav.)
11-12e	BS-35	Martine (trav. de la)
15e	AX-46	Martine (ch. de la)
11e	BU-34	Martinet (rond point Henri)
8e	BY-53	Martini (Antoine)
6e	BR-51	Martinique (de la)
8e	BU-50	Martiny
12e	BR-37	Martone (R.)
8e	BV-52	Marveyre (av. de)
14e	BD-40	Mas (ham. des)
16e	AX-54	Mascaron (imp.)
12e	BO-40	Mascotte (bd de la)
2e	BM-50	Massabo (François)
14e	BH-46	Massalia
7e	BR-52	Massaliotte
12e	BP-38	Massaliottes (trav. des)
13e	BE-36	Masse (bd Marius)
3e	BM-47	Masséna
9e	BZ-49	Massenet (av.)
14e	BF-45	Massenet (bd)
10e	BS-46	Masserini (imp.)
14e	BJ-46	Massias (Maurice)
5e	BQ-45	Masson (P.)
3e	BL-47	Massot
14e	BE-37	Matabon (imp.)
9e	BY-49	Matheron (av. Ph.)
12e	BM-41	Matheron (bd)
12e	BM-41	Matheron (imp.)
7e	BR-53	Mathias (trav.)
15e	BF-49	Mathilde
10e	BS-46	Mathurin
14e	BI-44	Mattei (bd Charles)
14e	BF-40	Matton (Paul)
7e	BQ-53	Maturo (imp.)
14e	BJ-41	Maulini (bd Henri)
16e	AX-54	Maunier (imp.)
11e	BU-27	Maupas (ch. du)
11e	BU-27	Maupas (imp. du)
11e	BU-27	Maupas (le) (quartier)
8e	BX-49	Maupassant (Guy De)
6e	BR-49	Maurel (L.)
7e	BQ-54	Maurel (V.)
15e	BE-47	Maurelette (de la)
15e	BD-46	Maurelette (la) (quartier)
13e	BN-38	Maurelle (de la)
13e	BM-38	Maurelle (imp. de la)
13e	BM-38	Maurelle (trav. de la)
15e	BE-47	Maures (trav. des)
10e	BW-45	Mauriac (François)
9e	BW-48	Maurin
13e	BK-40	Mauront (rond point Marie)
5e	BR-48	Maury (sq. Fr.)
11e	BV-32	Maussane (la) (quartier)
8e	CA-57	Mauvais Pas (ch. du)
2e	BN-50	Mauvestis (des)
15e	BF-49	Maxime (av.)
13e	BI-37	Maynard Keynes (John)
1er	*BO-48	Mazagran
12e	BN-40	Mazarade (bd de la)
8-9e	BZ-50	Mazargues (av. de)
9e	BZ-48	Mazargues (quartier)

Arr.	Carreau	Appellation
9e	BZ-49	Mazargues (rond point de)
12e	BN-41	Mazaudier (bd Louis)
2e	BN-50	Mazeau (pl. du)
2e	*BM-51	Mazenod (de)
11e	BT-42	Mazenode (av. de la)
11e	BT-43	Mazenode (la) (quartier)
8e	BZ-54	Mazières (bd P.)
8e	CA-54	Mazières (imp. Pierre)
14-15e	BF-46	Mazout (trav. du)
7e	BP-53	Mèches (trav. des)
8e	BY-53	Médan (L.)
13e	BG-32	Médecins (les) (quartier)
13e	BG-32	Médecins (trav. des)
15e	BG-49	Méditerranée (bd de la)
13e	BF-39	Meffren (bd)
7e	BO-53	Mein (Etienne)
10e	BU-42	Meissel (bd)
10e	BU-42	Meissel (imp.)
12e	BP-42	Meisserel (imp. Léon)
12e	BP-42	Meisserel (Léon)
4e	BM-45	Meissonnier
12e	BP-36	Meknès (imp. de)
5e	BQ-48	Melchion
13e	BL-42	Melchion (imp.)
13e	BL-37	Mélèze (imp. du)
14e	BJ-44	Melik (Edgar)
11e	BT-40	Ménard (bd Pierre)
8e	BX-53	Mendès France (av. Pierre)
6-10e	BS-48	Menpenti
10e	BS-47	Menpenti (quartier)
1er	*BO-49	Méolan
8e	BU-52	Mer (all. de la)
16e	AW-54	Mer (av. de la)
15e	BG-49	Méradou (Alexandre)
11e	BX-28	Mercure (imp.)
14e	BI-47	Mère de Dieu (trav. de la)
13e	BM-35	Mère Teresa
4e	BO-47	Mérentié
14e	BJ-44	Mérimée (av. Prosper)
5e	BR-47	Mérino (M.)
13-14e	BG-41	Merlan (av. du)
14e	BG-41	Merlan (le) (quartier)
13e	BJ-41	Merlan à la Rose (av. du)
12e	BP-43	Merle (bd)
13e	BL-42	Merle (imp.)
13e	BJ-39	Merleau Ponty (av.)
13e	BJ-39	Merlhou (Augustin)
13e	BJ-39	Merlhou (imp. Augustin)
15e	AY-46	Merlin (trav.)
14e	BJ-46	Merlino (Louis)
6e	BQ-50	Merlo (des Fr.)
8e	BU-50	Mermoz (Jean)
15e	AY-49	Mérou (pl. du)
2e	BN-50	Méry
12e	BM-41	Mésanges (all. des)
1er	*BO-48	Messerer (Henri)
13e	BJ-37	Messidor
8e	BX-51	Métras (du Docteur H.)
13e	BJ-39	Métro (bd du)
15e	BE-50	Meules (ch. des)
9e	BZ-50	Meunier (imp. du)
4e	BM-44	Meyer (bd)
16e	AY-49	Meylan (Albin)
8e	BY-53	Meyronnet (imp.)
15e	BF-49	Michaud (bd Arthur)
7e	BP-54	Michel (imp.)

Arr.	Carreau	Appellation
13e	BL-42	Michel (bd)
13e	BF-37	Michel (imp.)
15e	BG-49	Michel
15e	BB-45	Michel (imp.)
16e	AZ-50	Michel (bd Henri)
16e	BA-49	Michel (bd)
16e	BA-49	Michel (imp.)
15e	BB-45	Michèle (imp. de la)
15e	BB-45	Michèle (trav. de la)
8-9e	BW-49	Michelet (bd)
9e	CB-48	Michelet De Lattre (rés.)
8e	BV-49	Michelet Prado (rés.)
8e	BX-49	Michelet Sainte Anne (rés.)
9e	CA-48	Michelet Saint-Jacques (rés.)
10e	BT-46	Michelis
14e	BE-45	Micocouliers (les) (quartier)
11e	BW-28	Micouline (la) (quartier)
13e	BF-37	Midi (bd du)
11e	BV-33	Midi (du)
13e	BH-35	Midi (du)
13e	BG-36	Midi (pl. du)
13e	BI-35	Miege (Etienne)
11e	BV-29	Migauds (trav. des)
9e	BX-48	Mignard
9e	BW-48	Mignard (pl.)
13e	BK-39	Mignet (av. François)
10e	BU-42	Migranier (du)
10e	BU-43	Migranier (pl. du)
8e	BV-50	Milan (E.)
13e	BD-34	Milanais (le) (quartier)
12e	BQ-42	Millepertuis (du)
16e	AZ-52	Milliau
11e	BY-31	Millière (bd de la)
11e	BZ-32	Millière (la) (quartier)
11e	BY-32	Millière (pl. de la)
6e	BR-51	Milly
13e	BE-36	Milou (mont.)
15e	AX-46	Mimet (ch. de)
9e	BX-48	Mimosas (av. des)
12e	BP-39	Mimosas (all. des)
15e	BB-49	Mimosas (av. des)
15e	AX-45	Mimosas (ch. des)
11e	BX-28	Minerva (imp.)
15e	AY-48	Minerve (av.)
11e	BV-28	Mines (ch. des)
11e	BU-28	Mines (imp. des)
11e	BU-28	Mines (les) (quartier)
15e	AW-46	Minet (ch. de)
15e	AZ-47	Minoterie (bd de la)
2e	BK-49	Mirabeau (pl.)
2e	BN-51	Miradou
7e	BQ-54	Mirage (imp. du)
7e	BS-53	Miramar (imp.)
11e	BU-40	Miramas (av. de)
8e	BS-50	Mireille
9e	CB-47	Mireille (av.)
14e	BJ-46	Mireille (av.)
8e	CA-56	Miremonts (bd)
3e	BL-49	Mirès
1er	*BN-49	Mireur (pl. François)
9e	BW-48	Mirone
12e	BP-43	Mission (de la)
1er	*BO-49	Mission de France
8e	BU-50	Mistral (av. Fr.)
9e	BV-48	Mistral (av.)
13e	BN-35	Mistral (av. Frédéric)
13e	BG-36	Mistral (pl. Frédéric)

Arr.	Carreau	Appellation
16e	AX-54	Mistral (trav.)
14e	BD-40	Mitan (ham. du)
1er	*BO-49	Mocquet (Guy)
4e	BM-45	Modeste
3e	*BM-49	Mogador (pl.)
12e	BO-42	Moïse (bd)
12e	BO-42	Moïse (imp.)
9e	CA-48	Moisseron (av.)
2e	BN-50	Moisson (François)
2e	BN-50	Moisson (pl. François)
1er	*BP-50	Molière
8e	BY-53	Molinari (av.)
12e	BO-38	Mon Rêve (imp.)
8e	BU-52	Monaco (av. de)
4e	BO-45	Monastère (du)
14-15e	BI-48	Moncada (bd Christophe)
15e	AY-45	Monchetti (imp.)
11e	BW-34	Mondet (rond point Jean)
6e	BR-49	Mondovi
14e	BJ-45	Monet (bd Claude)
6-7e	BR-51	Monfray (av.)
7e	BR-51	Monfray (imp.)
4e	BO-43	Monges
13e	BE-36	Mongette (bd de la)
4e	BO-45	Monier
16e	AY-51	Monjarde (trav. de la)
9e	CB-47	Monnié (J.)
13e	BK-44	Monnot (mont.)
7e	BR-53	Monplaisir (mont.)
11e	BU-39	Monplaisir (bd)
12e	BO-38	Monplaisir (av.)
16e	AZ-52	Monsigur (imp.)
12e	BO-38	Mont Blanc (imp. du)
1er	*BN-49	Mont de Piété (du)
15e	AX-43	Mont d'Or (mont. du)
14e	BH-46	Mont Léon (trav.)
12e	BS-43	Mont Louis (quartier)
4e	BM-44	Mont Riant (imp.)
13e	BM-36	Mont Riant (groupe)
8e	CA-58	Mont Rose (bd)
8e	CA-58	Mont Rose (mont.)
2e	BG-50	Mont Saint Bernard (du)
9e	BZ-50	Mont Sec (av.)
9e	BZ-50	Mont Sec (mont.)
11e	BW-26	Montadette (trav. de la)
15e	BD-46	Montagnette (av. de la)
12e	BP-36	Montagnon Monier (imp.)
12e	BP-43	Montaigne
4e	BO-46	Montbard (imp. de)
2e	BN-50	Montbrion
13e	BL-43	Montcalm (av.)
13e	BK-44	Montcault (trav.)
4-5e	BO-47	Monte Cristo
9e	CC-46	Monteau (av.)
11e	BU-40	Montélimar (av. de)
14e	BF-45	Montenvert (all.)
6e	BQ-50	Montévidéo
6e	BQ-50	Montévidéo (imp.)
6e	*BP-49	Montgrand
11e	BY-33	Montgrand (mont.)
8e	BM-50	Monticelli (sq.)
7e	BQ-52	Montmajour (trav.)
8e	BZ-56	Montmare (av.)
2e	BN-50	Montolieu
4-12-13e	BN-44	Montolivet (av. de)
12e	BN-40	Montolivet (quartier)
12e	BM-40	Montolivet (trav. du)

Arr.	Carreau	Appellation
7e	BP-55	Montplaisir
7e	BP-55	Montplaisir (trav.)
11e	BU-35	Montre (imp. de la)
11e	BV-35	Montre (trav. de la)
8e	AZ-55	Montredon (av. de)
8e	BZ-56	Montredon (quartier)
1-4e	BN-46	Montricher (av.)
4e	BN-44	Montron (Balthazar De)
12e	BP-39	Monts (imp. des)
7e	BQ-52	Montvert (imp.)
13e	BJ-41	Montvert (all.)
6e	*BP-50	Montyon (pl.)
6e	BV-27	Monument (bd du)
11e	BT-40	Monument (pl. du)
11e	BV-29	Monument (imp. du)
9e	CB-51	Morandat (all.Yvon)
5e	BQ-45	Moreau
13e	BK-43	Moreau (imp.)
10e	BU-45	Morel (bd)
14e	BI-47	Moretti (bd Charles)
CC-49		Morgiou (ch. de)
10e	BT-42	Mortier (av. Chr.)
11e	BT-30	Morts (ch. des)
6e	BQ-50	Morucci (du Docteur)
13e	BM-35	Mosse (Edouard)
8e	BY-50	Mostaganem (bd de)
8e	BZ-54	Mouillas (imp.)
14e	BF-45	Moulan (imp. du)
14e	BF-45	Moulan (trav. du)
12e	BR-38	Moularde (la) (quartier)
6e	*BQ-51	Moulet (Jules)
13e	BH-33	Moulières (les) (quartier)
5-10e	BR-47	Moulin (bd Jean)
8e	CA-58	Moulin (du Lieutenant)
12e	BR-38	Moulin à l'Huile (trav. du)
15e	BG-49	Moulin à Vent (trav. du)
3e	BK-49	Moulin de la Villette (trav. du)
13e	BL-44	Moulin Guieu (bd de)
15e	BD-50	Moulinet (ch. du)
2e	BN-50	Moulins (des)
2e	BN-50	Moulins (pl. des)
8e	BZ-54	Mouraille (imp.)
15e	BD-47	Mouraille (bd)
7e	BP-54	Mouredu
2e	BG-50	Mouren (mont.)
7e	BP-54	Mouren (P.)
12e	BP-36	Mourenne (imp. de la)
16e	AY-52	Mourepiane (quartier)
16e	AZ-51	Mourepiane (trav.)
13e	BD-36	Mouret (le) (quartier)
13e	BF-36	Mourets (ch. des)
3e	BL-47	Mouronval (Louis)
8e	BV-52	Mousses (des)
8e	BV-52	Mousses (imp. des)
1er	*BP-49	Moustier
11e	CA-44	Moutin (av.)
11e	BY-30	Mouton (ch. du)
14e	BH-44	Mouton (bd)
15e	BH-49	Mouton
8e	CA-56	Moutte (trav.)
13e	BL-43	Moutte (bd Alphonse)
4e	BO-44	Mouttet (av.)
16e	AZ-52	Mozambique (ch. du)
9e	BX-48	Mozart (av.)
2e	BN-50	Muettes (des)
8e	BZ-56	Muges (imp. des)
12e	BO-41	Muguet (imp. du)
8e	CA-54	Muratore (rond point Lucien)

Arr.	Carreau	Appellation
2e	BO-50	Mure (de la)
15e	AZ-44	Mure (ch. de la)
14e	BH-46	Muret (du)
12e	BR-38	Mûrier (du)
16e	AZ-51	Mûrier (trav.)
15e	BF-49	Mûriers (bd des)
15e	BF-49	Mûriers (imp. des)
8e	CA-52	Murillo (all.)
14e	BF-41	Murmure des Eaux (ch.)
15e	BC-49	Musardises (des)
11e	BX-29	Muscatelle (la) (quartier)
1er	*BO-49	Musée (du)
8e	BU-52	Muselier (pl. de l'Amiral)
6-7e	BR-51	Musset (Alfred de)
8e	BZ-52	Musso
14e	BG-44	Myères (bd)
11e	BT-40	Myosotis (des)
		N
12e	BP-42	Nadaud (G.)
7e	BS-53	Napoule (mont. de la)
16e	AX-54	Narcisse (imp.)
14e	BE-44	Narcisses (av. des)
13e	BK-42	Nardy (bd)
13e	BK-42	Nardy (imp.)
14e	BE-39	Nartelle (ham. de la)
13e	BJ-37	Nation (pl. de la)
1er	BN-47	National (bd)
3e	*BM-48	National (bd)
1er	*BO-49	Nationale
8e	BZ-53	Nattero (rond point L.)
5e	*BQ-48	Nau
6e	BQ-48	Navarin
11e	BW-37	Nazareth (clos)
11e	BW-37	Nazareth
9e	BF-46	Nazury (pl. L.)
15e	BF-49	Nébuleuses (pl. des)
15e	BF-46	Nébuleuses
1-3e	*BN-49	Nédelec (bd Charles)
16e	AY-51	Négis (André)
5e	BR-47	Nègre
8e	BU-49	Negresko
9e	BV-48	Négrier (av. du Général De)
12e	BN-43	Négro (bd Ferdinand)
8e	BY-53	Neiges (bd des)
8e	BY-53	Neiges (imp. des)
13e	BL-41	Nel (bd Joseph)
13e	BJ-43	Néoule
8e	BZ-56	Neptune (bd)
8e	BV-52	Nérée (rés.)
8e	BZ-56	Néréides (trav. des)
16e	AW-54	Nerthe (ch. de la)
16e	AX-53	Nerthe (ch. de la)
16e	AW-55	Nerthe (passage de la)
11e	BT-41	Netty (bd)
13e	BE-36	Neuf (bd)
15e	AZ-46	Neuf (av.)
1er	*BN-49	Neuve Martin
3e	BK-47	Neuve Sainte Anne
7e	*BP-51	Neuve Sainte Catherine
11e	BS-41	Ney (av. Maréchal)
12e	BP-44	Niagara (imp. du)
7e	BP-53	Nice (de)
8e	BZ-55	Nice (bd de)
7e	BQ-53	Nicolaï
7e	BR-53	Nicolas (imp. B.)
7e	BR-53	Nicolas (trav.)
8e	BW-50	Nicolas (av.)
9e	BW-48	Nicolas (av. A.)

Arr.	Carreau	Appellation
14e	BK-44	Niozelles
13e	BJ-37	Nivose (all.)
1er	*BO-49	Noailles (quartier)
13e	BL-43	Noailles (bd de)
13e	BH-36	Nodins (trav. des)
13e	BN-42	Noël (bd)
13e	BJ-42	Nogarette
11e	BU-36	Noire (trav.)
11e	BZ-31	Noisetiers (all. des)
12e	BO-40	Nollet (bd Général)
8e	BU-52	Nord (all. du)
12e	BP-39	Nord (bd du)
12e	BN-40	Norma (av.)
15e	BE-46	Normandie (all. de)
14e	BH-41	Normandie Niemen (av. Escadrille)
7e	BQ-53	Nossi Bé
13e	BJ-42	Noto
6e	*BQ-51	Notre Dame (bd)
11e	BV-28	Notre Dame (bd)
13e	BI-38	Notre Dame (imp.)
10e	BV-41	Notre Dame d'Afrique (sq.)
13e	BI-38	Notre Dame de Consolation (ch. de)
13e	BH-38	Notre Dame de Consolation (quartier)
6e	BQ-51	Notre Dame de La Garde (mont.)
11e	BW-37	Notre Dame de Nazareth (Ch.)
14e	BF-41	Notre Dame de Santa Cruz (bd)
14e	BE-44	Notre Dame de Ste Espérance (av.)
6-8e	BS-50	Notre Dame des Anges
7e	BQ-55	Notre Dame des Grâces
3e	BL-46	Notre Dame du Bon Secours (trav.)
14e	BK-46	Notre Dame du Bon Secours (trav.)
6e	*BQ-48	Notre Dame du Mont (pl.)
6e	BP-48	Notre Dame du Mont (quartier)
15e	AV-45	Notre Dame Limite (bd)
15e	AV-45	Notre Dame Limite (imp.)
15e	AW-44	Notre Dame Limite (quartier)
7e	BQ-53	Nouveau (imp.)
12e	BP-42	Noyon (de)
14e	BF-44	Nungesser (bd)
13e	BJ-41	Nuvolone (Gabriel)
		O
15e	BC-47	Oasis (trav. de l')
6e	*BQ-51	Oblats (des)
2e	BN-50	Observance (de l')
4e	BN-46	Observatoire (trav. de l')
9e	CB-50	Océans (bd des)
10e	BU-43	Octroi (bd de l')
14e	AW-47	Octroi (trav. de l')
15e	AU-45	Odde (imp.)
15e	BH-49	Oddo (av.)
15e	BH-49	Oddo (bd)
8e	BZ-55	Odessa (av. d')
8e	BB-46	Olivades (imp. des)
7e	BP-53	Olive
9e	CB-49	Olive (av. M.)

Arr.	Carreau	Appellation
13e	BH-40	**Olive** (trav.)
14e	BG-44	**Olive** (bd)
16e	BA-50	**Olive** (Jean Baptiste)
2e	BO-50	*Olives (des)*
8e	BM-37	**Olive** (av. des)
13e	BN-36	**Olives** (les) (quartier)
4e	BN-44	**Olivettes** (imp. des)
11e	BV-39	**Olivettes** (bd des)
5e	*BP-50	**Olivier** (de l')
9e	BZ-49	**Oliviers** (trav. des)
11e	BX-35	**Oliviers** (mont. des)
12e	BO-40	**Oliviers** (bd des)
15e	AZ-45	**Oliviers** (bd des)
15e	BA-45	**Oliviers** (imp. des)
15e	AX-53	**Oliviers** (trav. des)
7e	BR-54	**Ollivary** (trav.)
8e	BY-50	**Ollivary** (av.)
5e	BQ-46	**Olmer** (bd du Docteur David)
7e	BR-52	**Olympe** (av.)
7e	BQ-52	**Olympe** (imp.)
7e	BR-52	**Olympe** (trav.)
8e	BV-52	**Olympique** (trav. de l')
15e	AX-49	**Ombrelles** (des)
13e	BG-36	**Omnibus** (trav. de l')
11e	BX-28	**Omphale** (imp.)
8e	BU-49	**Onfroy** (bd)
13e	BN-35	**Onze Novembre** (du)
13e	BN-35	**Onze Novembre** (imp. du)
1er	*BP-50	**Opéra** (quartier)
10e	BW-41	**Or** (imp. d')
7e	BP-55	**Oraison** (av. Edmond)
4-5e	BO-47	**Oran** (d')
3e	BL-47	**Orange** (d')
6-7e	BQ-51	**Oratoire** (mont. de l')
4e	BP-46	**Orgues** (des)
10e	BS-46	**Orient** (d')
15e	BE-46	**Orion**
5e	BQ-45	**Orléans** (d')
12e	BQ-42	**Ormeaux** (all. des)
13e	BE-34	**Orphéon** (de l')
8e	BP-40	**Ortusi** (bd V.)
3e	BL-46	**Oudjda** (d')
3e	BL-48	**Ouest** (imp. de l')
8e	BM-39	**Oule** (av. de l')
12e	BN-41	**Oursideuse** (ch.)
16e	AX-54	**Oursins** (imp.)
8e	BZ-56	**Outre Mer** (av. d')
3e	*BN-89	**Ozanam** (Fréd.)
		P
13e	BH-40	**Pac** (bd du)
15e	BC-46	**Padouane** (bd de la)
7e	BP-54	**Pageot**
11e	BW-26	**Pageotte** (ch. de la)
11e	BV-26	**Pageotte** (la) (quartier)
9e	BY-49	**Pages** (du Docteur)
9e	BW-47	**Pagès** (bd)
4e	BN-43	**Pagliano**
7e	BO-52	**Pagnol** (quai Marcel)
8e	BX-51	**Pagnol** (all. M.)
13-14e	BD-39	**Pagode** (ham. de la)
15e	AZ-46	**Pagode** (la)
15e	AW-49	**Pain de Sucre** (bd du)
1er	*BP-50	**Paix Marcel Paul** (de la)
10e	BW-43	**Palach** (rond point J.)
12e	BO-42	**Paladins** (all. des)
6e	BQ-50	**Palais de Justice** (quartier)
13e	BF-35	**Palama** (ch. de)
13e	BE-33	**Palama** (quartier)
16e	AX-51	**Palangrotte** (imp. de la)
15e	AX-54	**Palanque**
10e	BT-45	**Palazzo** (imp.)
10e	BT-46	**Palestine** (de)
3e	*BN-48	**Palestro**
12e	BR-41	**Palissy** (rés. B.)
11e	BT-36	**Palmeraie** (imp. de la)
4e	BL-44	**Palmieri** (Amédée)
6e	*BP-49	**Palud** (de la)
13e	BK-43	**Palud** (trav. de la)
16e	AW-54	**Panetière** (de la)
2e	BN-50	*Panier (du)*
6e	*BQ-51	**Panorama** (du)
8e	CB-56	**Panorama** (bd du)
9e	BZ-45	**Panouse** (av. de la)
9e	CA-44	**Panouse** (la)
9e	CA-44	**Panouse** (la) (quartier)
10e	BT-47	**Panthéon** (trav. du)
1er	*BO-49	**Papère**
5e	BR-52	**Papeterie** (imp. de la)
7e	BO-53	**Papety**
10e	BT-42	**Papillons** (av. des)
15e	BP-48	**Papin** (bd Denis)
7e	BQ-54	**Papon**
13-14e	BG-40	**Pâquerettes** (av. des)
14e	BG-40	**Pâquerettes** (trav. des)
15e	BE-48	**Paquet** (bd Nicolas)
13e	BF-35	**Parade** (ch. de la)
13e	BE-35	**Parade** (de la)
13e	BD-34	**Parade** (imp. de la)
13e	BE-34	**Parade** (la) (quartier)
13e	BF-35	**Parade Basse** (la) (quartier)
13e	BD-35	**Parade Haute** (la) (quartier)
1er	*BP-50	**Paradis**
6e	*BQ-50	**Paradis**
7e	BT-50	**Paradis**
7e	BQ-54	**Paradis** (trav.)
14e	BI-45	**Paraf** (rond point Pierre)
8e	BZ-53	**Parangon** (trav.)
13e	BH-34	**Paranque** (ch. de la)
11e	BV-38	**Parasol** (bd du)
11e	BU-28	**Parc** (bd du)
12e	BA-43	**Parc** (all. du)
9e	CC-49	**Parc Beauvallon**
8e	BV-52	**Parc Borély** (av. du)
8e	BT-49	**Parc Jean Mermoz** (cité)
12e	BO-38	**Parc les Amandiers** (cité)
9e	BW-48	**Parc Sévigné** (rés.)
9e	BW-48	**Parc Stendhal** (rés. le)
4e	BM-45	**Pardigon** (bd)
4e	BM-45	**Pardigon** (imp.)
8e	BU-50	**Paré** (av. A.)
13e	BK-43	**Parenne** (pl. Emile)
15e	AY-46	**Paret** (Docteur Paul)
11-12e	BS-42	**Parette** (ch. de la)
11e	BS-42	**Parette** (pl. de la)
2-3e	BL-49	**Paris** (bd de)
1er	*BO-49	**Parmentier**
13e	BG-33	**Paroyes** (ch. des)
13e	BL-44	**Parrocel** (Etienne)
13e	BN-37	**Partisans** (trav. des)
13e	BF-39	**Party** (ch. de)
14e	BG-40	**Party** (trav.)
15e	AZ-47	**Pas des Tours** (av. du)
16e	BB-50	**Pas du Faon** (trav. du)
7e	BP-52	**Pascal**
11e	BU-39	**Pascal** (bd)
11e	BR-27	**Passe Temps** (ch. du)
8e	BI-48	**Passerelle** (trav. de la)
16e	AY-50	**Passet** (ch. du)
7e	BO-52	**Pasteur** (av.)
11e	BS-28	**Pasteur** (bd Louis)
12e	BP-39	**Pasteur** (pl.)
8e	AX-53	**Pasteur**
6e	*BP-48	**Pastoret**
6e	*BP-50	**Pastré** (pl. Estrangin)
8e	BY-45	**Pastré** (trav.)
16e	AX-54	**Pataclet** (passage du)
14e	BG-43	**Patay** (bd de)
8e	BY-51	**Paul** (trav.)
5e	BZ-49	**Paul** (bd Ch.)
11e	BV-27	**Paul** (imp.)
8e	BU-49	**Paulet** (Léon)
8e	BL-45	**Paulette** (av.)
11e	BU-36	**Pauline** (trav. de la)
12e	BR-34	**Pauline** (trav. de la)
15e	BD-50	**Paumont** (bd)
15e	BE-50	**Paumont** (imp.)
5e	BR-48	**Pauriol** (Fern.)
4e	BM-46	**Pautrier**
4e	BL-45	**Pautrier** (imp.)
1er	*BO-49	**Pavillon**
7e	BQ-54	**Pavillon** (imp.)
12e	BP-39	**Pavillon** (all. du)
8e	BI-47	**Pavrone** (M.)
14e	BH-47	**Payan d'Augery** (trav.)
8e	BV-51	**Pèbre** (bd)
14e	BG-41	**Pèbre d'Ai** (du)
7e	BP-53	**Pecchini** (des Fr.)
8e	BW-50	**Pêches** (bd des)
7e	BP-54	**Pêcheurs** (des)
7e	BP-54	**Pêcheurs** (imp. des)
9e	CD-51	**Pêcheurs** (all. des)
16e	AW-55	**Pêcheurs** (imp. des)
16e	AZ-51	**Pêcheurs** (mont. des)
16e	AZ-52	**Pêcheurs** (trav.)
8e	BX-51	**Péguy** (Sq. Charles)
14e	AW-52	**Peintre** (plateau du)
11e	BT-34	**Peintres Roux** (av. des)
14e	BJ-48	**Peintures** (bd des)
13e	BO-35	**Peiresc** (all.)
11e	BU-34	**Peisson** (Edouard)
14e	BJ-40	**Pelabon** (pl.)
8e	CD-60	**Pelaprat** (D.)
16e	AZ-51	**Pelas** (Elie)
9e	BZ-44	**Pélican** (imp. du)
7e	BP-53	**Pélissier**
9e	BX-45	**Pélissier** (imp.)
15e	BB-49	**Pélissot** (pl. François De)
2-3e	*BM-49	**Pelletan** (av. Camille)
16e	AX-53	**Pelletier** (Le)
16e	AY-50	**Pelouque** (ch. de la)
16e	AW-50	**Pelouque** (la) (quartier)
1er	*BN-89	**Pénitents Bleus** (des)
11e	BW-29	**Penne** (trav. de la)
11e	BY-29	**Penne** (trav. de la)
14e	BF-40	**Penthésilée**
7e	BQ-53	**Pèpe** (G.)
8e	BX-50	**Pépin** (bd)
4e	BL-45	**Pépinière** (de la)
4e	BL-45	**Pépinière** (imp. de la)
13e	BJ-42	**Péras** (du)
9e	CC-43	**Pérasso** (ch.)
13e	BL-37	**Perdrix** (all. des)
13e	BJ-42	**Père Wresinki** (rond point)

38

Arr.	Carreau	Appellation
13e	BE-36	**Perez** (bd François)
9e	BY-50	**Pergolette** (all. de la)
1er	*BO-50	**Péri** (pl. G.)
8e	BT-50	**Périer** (quartier)
8e	BS-50	**Périer** (bd)
8e	BS-51	**Périer** (bd)
8e	BS-50	**Périer** (imp.)
7e	BP-53	**Perlet** (imp.)
7e	BP-53	**Perlet**
8e	BX-50	**Pérouse** (bd de La)
3e	BL-46	**Perrin** (bd du Docteur Léon)
7e	BP-54	**Perrin** (av. A.)
13e	BL-43	**Perrin** (bd)
15e	AX-46	**Perrin** (bd)
7e	BR-53	**Perrinet Pey**
9e	CA-44	**Perrot** (av. charles)
15-16e	AY-49	**Pescadou** (du)
15e	CB-48	**Pessailhan** (bd)
8e	CD-60	**Pétanque** (av. de la)
8e	CD-60	**Pétanque** (imp. de la)
9e	BZ-49	**Petipa** (M.)
13e	BE-36	**Petit** (bd Elisée)
11e	BV-39	**Petit Blanc** (pl. du)
12e	BS-34	**Petit Bon Dieu** (trav. du)
12e	BM-42	**Petit Bosquet** (av. du)
14e	BI-46	**Petit Canet** (le) (quartier)
7e	*BP-51	**Petit Chantier** (du)
9e	BZ-49	**Petit Chapitre** (du)
14e	BC-44	**Petit Fontainieu** (ch. du)
3e	BL-46	**Petit Lycée** (av. Nord du)
8e	CA-56	**Petit Nice** (bd du)
15e	AW-48	**Petit Pont** (all. du)
2e	BN-50	**Petit Puits** (du)
1er	*BO-49	**Petit Saint Jean** (du)
12-13e	BN-38	**Petit Séminaire** (du)
3e	BL-48	**Petit Versailles** (du)
15e	BA-46	**Petite Malette** (ch. de la)
15e	BE-46	**Petite Ourse** (de la)
12e	BP-39	**Petite Suisse** (av. de la)
12e	BO-39	**Petite Suisse** (imp. de la)
1er	*BN-49	**Petites Maries** (des)
1er	*BN-49	**Petites Maries** (trav. des)
14e	BF-42	**Petits Champs** (imp. des)
1er	*BN-50	**Pétré** (Colonel)
8e	BY-51	**Petroccochino** (trav.)
15e	BH-49	**Pétrole** (imp. du)
9e	BW-46	**Petronio** (bd J.)
15e	BC-49	**Pétunias** (av. des)
4e	BL-45	**Peupliers** (all. des)
8e	BT-49	**Peupliers** (imp. des)
14e	BG-44	**Peupliers** (bd des)
16e	AZ-52	**Peupliers** (all. des)
7e	BR-53	**Pey** (trav.)
13e	BK-40	**Peypin** (de)
11e	BU-33	**Peyron** (bd S.)
7e	BR-53	**Peyronnet**
2-3e	BL-49	**Peyssonnel**
6e	*BP-50	**Peytral** (bd Paul)
16e	AZ-52	**Phare** (trav. du)
7e	BO-52	**Pharo** (le) (quartier)
11e	BV-33	**Phénix** (imp. du)
10e	BT-45	**Philibert**
12e	BO-43	**Philippine** (all.)

Arr.	Carreau	Appellation
4e	BO-46	**Philippon** (bd)
2e	*BN-50	**Phocéens** (des)
8e	BV-49	**Phœnix** (imp. du)
12e	BM-40	**Piazza** (bd Joseph)
12e	BM-41	**Pibouleau** (bd)
13e	BD-35	**Pic de l'Etoile** (all. du)
11e	BS-35	**Pic Foch** (ch. du)
15e	BD-46	**Picardie** (av. de)
16e	AZ-50	**Picaron** (trav.)
1-8e	BS-52	**Picasso** (P.)
16e	AY-52	**Picasso** (P.)
13e	BM-34	**Pichauris** (des)
16e	AW-54	**Pichou** (ch. du)
16e	AW-54	**Pichou** (mont. du)
8e	BV-49	**Picon** (Jacques)
14e	BI-44	**Picon**
10e	BS-46	**Picot** (G.)
13e	BK-42	**Piérons** (pl. des)
9e	CD-51	**Pierotti** (bd L.)
5e	BP-47	**Pierre** (bd Eugène)
9e	CC-45	**Pierrein** (rond point Professeur Louis)
4e	BQ-45	**Pierres des Moulins** (imp.)
13e	BE-35	**Pierrots** (imp. des)
15e	AX-47	**Pigala** (imp.)
12e	BR-37	**Pignatel** (trav. de la)
12e	BN-38	**Pignatelle** (la) (cité)
10e	BS-46	**Pignol** (pl. V.)
13e	BG-36	**Pignol** (bd Julien)
13e	BG-35	**Pignol** (bd)
4e	BL-45	**Pignons** (trav. des)
13e	BN-35	**Pillu** (imp.)
7e	BR-52	**Pilotes** (pl. des)
8e	BZ-54	**Pin** (du)
9e	CC-48	**Pin** (du)
16e	AX-53	**Pin** (imp. du)
13e	BG-32	**Pin Sec** (trav. du)
12e	BD-38	**Pinatel** (bd)
15e	AW-46	**Pinatel** (trav.)
13e	BH-40	**Pindare** (imp.)
2e	BG-51	**Pinède** (quai de la)
2-15e	BH-51	**Pinède** (trav. de la)
9e	CB-46	**Pinède** (de la)
9e	BY-46	**Pinède** (imp. de la)
10-11e	BV-41	**Pinède** (bd de la)
11e	BS-42	**Pinède** (de la)
15e	AW-48	**Pinède** (bd de la)
9e	BZ-46	**Pins** (all. des)
10e	BV-43	**Pins** (bd des)
11e	BZ-32	**Pins** (bd des)
13e	BO-35	**Pins** (av. des)
14e	AV-46	**Pins** (bd des)
15e	AW-49	**Pins** (bd des)
15e	AZ-45	**Pins** (bd des)
12e	BO-39	**Pinsons** (all. des)
15e	AW-48	**Pinsons** (bd des)
10e	BV-44	**Pintade** (la) (quartier)
10e	BV-44	**Pintade** (trav. de la)
11e	BV-33	**Piollet** (rond point Lieutenant Colonel)
10-11e	BW-40	**Pionniers** (des)
8e	CA-54	**Piot** (bd)
1er	*BP-50	**Pisançon** (du)
2e	BN-50	**Pistoles** (des)
16e	AZ-51	**Pitance** (trav. du)
4e	BM-45	**Pitchpins** (trav. des)
8e	CD-60	**Pite Pite**
8e	CD-61	**Pite Pite Prolongée**
13e	BI-39	**Pivoines** (des)
8e	CD-60	**Placette** (La)
8e	BX-53	**Plage** (imp. de la)

Arr.	Carreau	Appellation
8e	BU-52	**Plage** (la) (quartier)
13e	BI-35	**Plaine des Bessons** (ch.)
15e	AX-49	**Plaine Granger** (esc.)
9e	BZ-49	**Plaine Rey**
7e	BQ-54	**Plaisance** (de)
13e	BG-36	**Plan** (imp. du)
15e	AY-47	**Plan d'Aou** (av. du)
15e	AY-47	**Plan d'Aou** (pl. du)
11e	BX-27	**Plan de Leurre** (quartier)
7e	*BO-51	**Plan Fourmiguier**
8e	BV-51	**Planche** (av. de la)
8e	BV-51	**Planche** (imp. de la)
11e	BV-36	**Planche** (trav. de la)
13e	BI-37	**Planck** (Max)
15e	BF-46	**Planètes** (des)
15e	AX-49	**Planier** (bd du)
13e	BL-36	**Plantes** (imp. des)
8e	BZ-54	**Plantier** (imp.)
4e	BL-45	**Platanes** (all. des)
8e	BZ-56	**Platanes** (bd des)
9e	BX-49	**Platanes** (all. des)
9e	BU-46	**Platanes** (bd des)
10e	BU-46	**Platanes** (av. des)
11e	BS-42	**Platanes** (all. des)
12e	BO-40	**Platanes** (bd des)
7e	BP-53	**Plateau** (du)
7e	BR-53	**Plateau** (imp. du)
7e	BS-53	**Plateau** (mont. du)
11e	BV-39	**Plateau** (bd du)
11e	BV-39	**Plateau** (trav. du)
15e	BA-47	**Plateau** (bd du)
16e	BA-50	**Plateau** (bd du)
9e	BZ-48	**Platier** (av.)
12-13e	BO-36	**Platrières** (trav. des)
12e	BQ-37	**Plâtrières** (ch. des)
9e	CE-49	**Play** (av. Ed.)
9e	CA-50	**Play** (av. Fr. Le)
15e	BB-47	**Plein Midi** (all. du)
3e	BK-47	**Plombières** (bd de)
3e	BJ-48	**Plombières** (de)
2e	BM-50	**Plumier**
13e	BX-34	**Pluton** (mont.)
11e	BT-28	**Pluvence** (ch. de)
11e	BS-28	**Pluvence** (quartier)
13e	BJ-37	**Pluviose**
8e	BW-51	**Poe** (sq. Edgard)
6e	*BP-48	**Poggioli**
1er	*BO-49	**Poids de la Farine**
12e	BP-35	**Poilus** (av. des)
12e	BR-37	**Poilus** (pl. des)
14e	BI-47	**Poilus** (des)
13-14e	BI-41	**Poincaré** (Henri)
12e	BP-38	**Point de Vue** (imp. du)
15e	AW-49	**Point de Vue** (bd du)
9e	BW-48	**Point d'Interrogation** (av. du)
6e	BR-51	**Pointe à Pitre**
8e	CA-53	**Pointe Rouge** (la) (quartier)
8e	BY-54	**Pointe Rouge** (av. de la)
2e	BN-50	**Poirier** (du)
15e	BE-46	**Poitou** (all. du)
8e	BW-50	**Poli** (av. Aviateur)
1er	*BO-49	**Pollak** (R.)
6e	*BP-49	**Pollak** (Em.)
13e	BL-42	**Polo** (bd)
10e	BS-47	**Pologne** (de)
10e	BS-47	**Pologne** (pl. de)
8e	CB-58	**Polygone** (bd du)
13e	BJ-41	**Polytres** (des)

MARSEILLE

Arr.	Carreau	Appellation
13e	BJ-41	Polytres (trav. des)
8e	BY-52	Pomègues (trav. de)
9e	CB-49	Poméon (bd)
11e	BT-38	Pomme (bd de la)
11e	BT-41	Pomme (la) (quartier)
11e	BT-42	Pomme (porte de la)
8e	BS-41	Pommeraie (pl. de la)
13e	BE-36	Pommes d'Amour (des)
3e	BM-48	Pommier
2e	BP-38	Pompe (de la)
8e	BV-52	Pompidou (promenade Georges)
7e	BS-52	Ponant (trav.)
16e	AY-51	Ponchins
16e	AY-51	Ponchins (trav.)
10e	BS-47	Ponchon (Raoul)
11e	BS-41	Poniatowski (bd)
4e	BP-45	Pons (Ant.)
6e	BQ-48	Pons (E.)
14e	BK-47	Pons (bd)
8e	BV-50	Ponson (Raphaël)
7e	BQ-54	Pont (ch. de la)
2e	BR-38	Pont (du)
13e	BN-35	Pont (imp. du)
10e	BU-44	Pont de Vivaux (bd de)
10e	BU-44	Pont de Vivaux (quartier)
7e	BR-51	Pontet (du)
11e	BV-40	Pontet (av. du)
2e	BL-50	Pontevès
2e	BH-50	Pontiers (des)
15e	AZ-46	Ponts (des)
7e	*BO-50	Port (quai du)
2e	BO-50	Port (quai du)
16e	AX-54	Port de Bouc (trav. de)
2e	CA-55	Port Neuf (rés.)
3e	BK-49	Portail (du)
5e	BR-47	Portail (du)
12e	BM-39	Portelli (sq. Etienne)
15e	BE-46	Portique (pl. du)
7e	BP-55	Ports Sud
10e	BT-46	Portugal (trav. du)
12e	BP-42	Poste (du)
3e	BL-49	Pottier (Eugène)
4e	BO-44	Poucel
15e	BE-48	Poudrette (trav. Laurent)
13e	BM-36	Pounche (ch. de la)
14e	BD-45	Pouponnière (imp. de la)
11e	BT-38	Pourlums (trav. des)
8e	CA-52	Pourrière (imp.)
8e	BZ-52	Pourrière (trav. de)
16e	AZ-52	Poussardin (bd)
13e	BF-34	Pousset (imp.)
13e	BF-34	Poussets (les) (quartier)
12e	BP-42	Poussibet (imp.)
14e	BF-45	Prade (bd Louis)
16e	BA-49	Pradel (trav. du)
8e	BV-51	Prado (av. du)
8e	BU-49	Prado (rond point du)
13e	BJ-37	Prairial
12e	BO-41	Prairie (all. de la)
8e	CA-54	Prat (trav.)
11e	BW-29	Prat (av.)
13e	BH-35	Prats (trav. des)
2e	BN-51	Préau des Accoules
1er	*BO-50	Prêcheurs
1-2e	BO-50	Prêcheurs (pl. des)
6e	*BP-49	Préfecture (pl. de la)

Arr.	Carreau	Appellation
6e	*BQ-49	Préfecture (quartier)
15e	AW-47	Première Armée Française Rhin et Danube (rond point)
13e	BE-39	Prés (des)
12e	BN-41	Prés Fleuris (cité)
7e	BP-54	Presbytère (imp. du)
11e	BV-28	Presbytère
12e	BR-37	Presbytère (du)
13e	BK-39	Présentation (bd de la)
13e	BK-39	Présentation (imp. de la)
2e	*BN-49	Présentines
1er	*BN-49	Pressensé (Francis De)
15e	BE-48	Prieur (trav. du)
12e	BO-41	Primevères (all. des)
14e	BJ-44	Primevères (av. des)
15e	AX-45	Primitive
11e	BX-33	Principale (av.)
9e	CA-49	Printemps (du)
12e	BN-41	Printemps (all. du)
2e	BO-50	Prison (de la)
4e	BO-44	Progin (Xavier)
5e	BP-47	Progrès (du)
14e	BK-46	Progrès (bd du)
14e	BK-46	Progrès (trav. du)
3e	BK-47	Prophète (imp. du)
7e	BS-53	Prophète (esc. du)
11e	BX-35	Propriétaires (pl. des)
15e	AW-43	Prospéri (bd)
7e	BS-52	Protis
14e	BI-43	Proudhon (Joseph)
15e	BA-46	Provençal (bd)
9e	BW-48	Provence (av. de)
12e	BO-41	Provence (av. de)
16e	BA-51	Provence (rond point Marcel)
1er	*BO-50	Providence (de la)
10e	BV-42	Prud'hommes (ch. des)
5e	BQ-47	Prunel (J.)
11e	BV-38	Ptite Pente (bd de la)
12e	BN-42	Puech (pam)
6e	*BP-50	Puget (crs Pierre)
8e	BS-50	Puget (Wulfran)
16e	AW-55	Puget (imp.)
16e	AW-54	Puget (mont. Basile)
16e	AX-53	Puget (trav.)
16e	AW-54	Puget-Mitre (mont.)
9e	BV-48	Pugette (bd de la)
9e	BV-47	Pugette (pl. de la)
9e	CA-50	Puits (trav. du)
11e	BS-42	Puits
12e	BR-37	Puits (du)
15e	AX-45	Puits (du)
11e	BT-33	Puits Amer (quartier)
2e	BN-51	Puits Baussenque
10e	BW-41	Puits de Lierre
10e	BX-42	Puits de Paul (ch. du)
2e	BN-50	Puits du Denier
2e	BN-50	Puits Saint Antoine
12e	BO-37	Puits Saint Pons (du)
4e	BM-45	Pujol
16e	AY-51	Pujol
8e	BZ-54	Pupat (trav.)
9e	CE-49	Purpura (J.P.)
1er	*BN-50	Puvis De Chavannes
2e	*BN-50	Puvis De Chavannes
12e	BN-41	Py (cité)
3e	BK-48	Pyat (Félix)
5e	BQ-48	Pyrénées (des)

Arr.	Carreau	Appellation
6e	BR-50	Pythagore
1er	*BO-50	Pythéas
		Q
9e	CB-46	46 (bd du)
15e	BD-46	Quatorze Décembre (pl.)
11e	BT-40	Quatorze Juillet (pl. du)
12e	BO-39	Quatre Cantons (all. des)
12e	BN-41	Quatre Chemins (trav. des)
13-14e	BI-43	Quatre Chemins du Merlan
10e	BS-46	Quatre Portails (imp. des)
14e	BE-43	Quatre Portails (imp. des)
11e	BU-30	Quatre Saisons (les) (quartier)
11e	BU-30	Quatre Saisons aux Camoins (route des)
7e	BP-52	Quatre Septembre (pl. du)
7e	BP-55	Quatre Vents
14e	BD-40	Quatre Vents (ham. des)
14e	BH-45	Queillau (Jean)
10e	BV-42	Queirel (bd)
12e	BQ-42	Queneau (av. N.)
11e	BV-37	Queylar (du)
13e	BH-35	Quiadou (imp. du)
13e	BG-35	Quiadou (pl. du)
2e	BN-50	Quihado (pl. Ben)
14-15e	BI-48	Quinet (Edgar)
12e	BN-40	Quo Vadis (imp.)
		R
9e	CD-49	Rabat (imp. de)
9e	CD-49	Rabat (trav. de)
8e	BT-47	Rabatau (bd)
8e	BU-49	Rabatau (bd)
10e	BU-45	Rabattu
15e	BG-49	Rabattu
16e	AZ-51	Rabelais
8e	BW-48	Rabutin Chantal
3e	*BM-49	Racati
12e	BO-40	Rachet (av.)
7e	BR-52	Racol (imp. M.)
7e	BP-54	Rade (bd de la)
4e	BN-46	Rafer (pl. Louis)
14e	BG-46	Raffinerie (bd de la)
13e	BL-43	Raguse (ch. de)
10e	BT-47	Raibaud
14e	BI-43	Raimu (av.)
8e	BU-51	Ralli (bd)
1-8e	BU-52	Ramatuelle
13e	BK-44	Rambaud (bd Emile)
11e	BY-32	Rambelli (bd S.)
12e	BO-42	Rameau (Jean)
13e	BG-36	Ramelle (imp.)
8e	CA-57	Ramelli (imp.)
9e	CA-49	Ramiel
9e	BV-48	Ramon (bd Gaston)
12e	BO-37	Rampal (av.)
12e	BT-35	Rampal (imp.)
11e	BX-34	Rancurel (bd J.)
12e	BO-39	Randon (bd)
1er	BN-47	Ranque
9e	CA-49	Raoux
8e	BV-49	Raphaël
13e	BL-42	Raphaël (bd)
13e	BL-42	Raphaël (imp.)
16e	AY-51	Raphaël (pl.)

Arr.	Carreau	Appellation
16e	AX-54	Rascasse (de la)
11e	BW-35	Rasclave (trav. de la)
8e	BU-49	Rasonglès
4e	BO-46	Raspail
8e	BL-39	Ravel (imp.)
11e	BU-34	Ravelle (la) (quartier)
13e	BL-36	Ravelle (la) (quartier)
15e	BA-47	Ravin (du)
8e	BV-48	Ray Grassi (all.)
11e	BU-33	Raymond (bd du Général)
8e	BL-46	Raymondino
11e	BW-37	Raymonds (trav. des)
15e	BD-48	Raynaud (imp.)
6e	BR-48	Raynouard (trav.)
14e	BI-47	Rayolle (imp.) 40
8e	BT-48	Razzenti (pl. M.)
8e	AZ-51	Razzoli (trav. Bruno)
10e	BS-48	Ré (A.)
8e	CB-50	Réattu (Jacques)
9e	BM-43	Réaumur
11e	BT-42	Rebattu (imp. L.)
8e	BZ-54	Reboul (imp.)
7e	BP-52	Recher (Joël)
4e	BM-43	Reclus (le Elisée)
1er	*BO-49	Récolettes (des)
7e	BS-54	Reconnaissance (trav. de la)
11e	AW-55	Redelsperger
9e	CB-46	Redon (le) (quartier)
8e	BZ-53	Redonne (trav. de la)
16e	AX-53	Redonne (de la)
2e	BN-50	Refuge (du)
2e	BN-51	Refuge (pl. du)
8e	BV-28	Refuge (du)
16e	AY-52	Regali (trav. du)
8e	BZ-54	Régates (imp. des)
8e	BS-48	Rège (L.)
16e	AX-53	Régie (imp. de la)
8e	CA-50	Reginensi (du Commandant J.)
13e	BK-37	Régnier (Antonin)
13e	BX-45	Régny (trav.)
8e	CA-54	Réguis (av. Colonel)
8e	BG-43	Reims (de)
1er	*BO-50	Reine Elisabeth (de la)
9e	CB-48	Reine Jeanne (de la)
13e	BF-36	Reine Jeanne (av. de la)
8e	BZ-56	Reinettes (bd des)
1er	*BO-49	Relais (du)
7e	BP-52	Rempart (du)
10e	BS-47	Rémusade (imp. de la)
13e	BI-39	Rémuzat (bd Madeleine)
5e	BR-48	Renan (E.)
13e	BI-41	Renaude (la) (quartier)
15e	BF-49	Renaudin
11e	BX-34	Rennaissance Française (esc. de la)
14e	BJ-44	Renoncules (av. des)
6e	BR-51	Renoux 42
8e	BT-48	Renzo (Roger)
2e	BN-51	Repenties (des)
2e	BN-50	République (de la)
8e	BB-49	Résédas (av. des)
15e	AX-49	Restanques (all.des)
15e	AX-49	Restanques (pl. des)
14e	BG-43	Revah (imp.)
8e	BZ-56	Rêve (imp. du)
14e	BD-40	Revest (ham. du)

Arr.	Carreau	Appellation
9e	CA-49	Revoil (H.)
3e	BL-47	Révolution (bd de la)
6e	*BP-48	Rey (Ferd.)
9e	BZ-49	Rey (bd)
9e	BW-47	Rey (imp.)
16e	AZ-50	Rey (imp.)
16e	AZ-50	Rey (trav.)
12e	BR-42	Reybaud (L.)
1er	*BP-50	Reyer (pl. E.)
9e	BW-47	Reyer (av. E.)
11e	BX-30	Reynarde (cité la)
11e	BW-30	Reynarde (la) (quartier)
8e	BX-50	Reynaud (bd)
16e	AX-54	Reynaud (imp.)
10e	BU-41	Reynaud de Trets (bd)
2e	BH-50	Rhin Fidelity (du)
11e	BS-38	Rhode (all. de)
8e	BS-50	Rhône (imp.)
8e	BU-51	Riante (de la)
16e	AW-56	Riaux (les) (quartier)
13e	BN-34	Ribassière (ch. de la)
9e	CB-51	Ribera
4e	BL-45	Ribot (av. Alexandre)
3e	BL-47	Ricard
3e	BL-48	Ricard (bd)
3e	BL-49	Ricard (C.)
6e	*BP-50	Ricard (Gust.)
4e	BN-45	Ricard Digne (imp.)
8e	BZ-54	Richard (bd)
12e	BN-40	Richard (bd Marius)
14e	BJ-46	Richard
3e	BH-32	Richaud (trav.)
16e	AX-50	Richebois (imp.)
7e	BQ-54	Richelieu (imp.)
3e	BL-47	Richier (Amable)
10e	BS-47	Richier
10e	BW-44	Riéra (all. du Dr)
16e	AZ-50	Riou (imp. Charloun)
7e	BQ-54	Riff (imp. du)
12e	BN-42	Riflard (trav.)
7e	BQ-53	Rigaud
7e	*BP-51	Rigord
11e	BV-37	Rimas (des)
9e	CE-49	Rimbaud (av.)
8e	BY-53	Riou (imp.)
12e	BN-42	Riquet (bd Paul)
7e	BO-50	Rive Neuve (quai de)
8e	BT-50	Rivet (bd)
13e	BG-35	Rivet (imp.)
11e	BX-31	Rivière (la) (quartier)
3e	BK-48	Rivoire
6e	BR-49	Rivoli (de)
3e	BL-49	Robert (imp.)
7e	*BP-51	Robert
9e	BY-50	Robert (bd Fr.)
12e	BO-43	Robert (bd Ambroise)
9e	CA-49	Robespierre (pl.)
11e	BW-33	Robien (mont. du Commandant de)
4e	BM-43	Robinson (bd)
8e	BS-51	Roc Fleuri (imp. du M.)
8e	BU-50	Rocca (Fr.)
11e	BX-34	Rocca (bd)
15e	BA-47	Rocchia (Marius)
4e	BN-44	Roche (Pierre)
15e	AX-46	Roche (imp.)
13e	BJ-42	Roche Verte (imp.)
11e	BT-41	Rocher (pl. du)
13e	BK-42	Rocher Bleu (le) (quartier)
12e	BP-37	Rochers (des)
7e	BR-52	Roches (av. des)

Arr.	Carreau	Appellation
12e	BR-41	Roches (les) (quartier)
9e	BY-47	Roches d'Or (rés. les)
12e	BO-38	Roches Vertes (av. des)
12e	BQ-34	Rocquepin (trav.)
2e	BN-50	Rodillat
8e	BT-49	Rodocanachi (bd du Docteur)
11e	BU-40	Rognac (de)
12e	BR-35	Roi de Pique (trav. du)
7e	BP-52	Roi René (du)
9e	CB-47	Roi René (du)
8e	BU-51	Rolland (du Commandant)
9e	BV-47	Rolland (bd Romain)
10e	BS-47	Rolland
11e	BY-32	Rollet (av. du Général)
3e	*BM-49	Rolmer (Lucien)
15e	BD-47	Roman (Marcel)
15e	BC-49	Romanesques (des)
11e	BR-31	Romans (les) (quartier)
11e	BT-32	Romans (trav. des)
15e	AW-46	Romarin (trav. du)
6e	*BP-49	Rome (de)
6e	*BP-49	Rome (pl. de)
14-15e	BI-48	Romieu (bd)
14e	BF-45	Ronde (pl.)
4e	BM-45	Rondel (imp.)
12e	BO-40	Ronsard (bd)
1-5e	*BO-48	Roosevelt (crs Franklin)
2e	*BN-50	Roquebarbe (pl.)
4e	BN-44	Roquebrune
15e	AY-46	Roquefavour (av. de)
11e	BS-41	Roquelaure (av. Gabriel)
2e	BN-50	Roqueplan (imp.)
1er	*BP-49	Roques (Jean)
2e	BN-50	Roquette (de la)
9e	BV-46	Roquevaire (bd de)
13e	BK-40	Rose (av de la)
13e	BK-39	Rose (imp. de la)
13e	BK-40	Rose (la) (quartier)
13e	BK-39	Rose (pl. de la)
13e	BI-36	Rose (trav. de la)
13e	BH-34	Rose à la Grave (ch. de la)
13e	BJ-38	Rose à la Grave (ch. de la)
8e	BY-52	Roseaux (imp. des)
8e	BX-52	Roseline (imp.)
7e	BQ-54	Roseraie (trav. de la)
8e	BY-51	Roseraie (la) (quartier)
7e	BS-53	Roses (des)
16e	AZ-52	Roses (imp. des)
9e	CC-45	Rosette (trav.)
4e	BH-44	Rosette (imp.)
12e	BQ-40	Rosière (av. de la)
9e	CB-49	Rosiers (av. des)
14e	BG-40	Rosiers (av. des)
14e	BJ-46	Rosiers (les) (quartier)
14e	BJ-46	Rosiers (av. des)
4e	BO-45	Rossi (du Colonel Robert)
12e	BO-39	Rossignols (bd des)
3e	BL-48	Rostand (av.)
6e	*BO-49	Rostand (Edmond)
8e	BT-46	Rostand (A.)
10e	BU-45	Rostand (imp.)
4e	*BN-48	Rotonde (de la)
7e	BS-53	Rotonde (mont. de la)
14e	BE-45	Rotonde (bd de la)
14e	BE-45	Rotonde (pl. de la)

Arr.	Carreau	Appellation
13e	BK-40	Rotonde Lieutenant Diran Tekeian (pl. de la)
13e	BL-41	Roubaix (de)
9e	BU-48	Roubaud (M.)
16e	AX-54	Roubaud (trav.)
9e	CB-48	Roubin (ch. J.)
9e	CB-47	Roubin (ch. Jean)
8e	BS-53	Roubion (mont.)
7e	BQ-52	Roucas Blanc (ch. du)
7e	BP-51	Roucas Blanc (mont. du)
7e	BS-52	Roucas Blanc (quartier)
13e	BF-35	Roudelet (imp. du)
10e	BU-42	Roue (trav. de la)
14e	BG-42	Rouen (bd de)
6-8e	BT-48	Rouet
8e	BT-49	Rouet (le) (quartier)
14e	BI-46	Rouffe (Louis)
12e	BP-39	Rougemont (bd de)
13e	BK-38	Rouges Gorges (all. des)
16e	AX-54	Rouget (du)
1er	*BO-49	Rouget De Lisle
4-12e	BN-43	Rougier (bd Elzéard)
4e	BO-45	Rougier
5e	BO-47	Rougier
11e	BT-37	Rougière (imp. de la)
11e	BT-37	Rougière (la) (cité)
11e	BT-37	Rouguière (all. de la)
8e	BT-48	Roumanille
13e	BM-37	Roume (bd)
11e	BX-33	Roumegas (J.)
15e	AY-49	Roure (av. Henri)
5e	BQ-47	Rousseau
5e	BQ-47	Rousseau (imp.)
11e	BU-36	Rousseau (bd A.)
5e	BL-49	Rousseau (pl. Joséphine)
16e	BA-50	Roussel
4e	BP-46	Roussel Doria
13e	BF-38	Rousset (ch. de)
15e	AW-46	Rousset (sq. Colonel Marc)
16e	BA-51	Roussin (av. André)
9e	BW-47	Roustan (imp.)
9e	CA-49	Rouvier (E.)
10e	BU-45	Rouvier (bd)
10e	BW-42	Rouvier (trav.)
1er	*BP-49	Rouvière
2e	BO-51	Rouvière (pl. Fontaine)
9e	CA-45	Rouvière (rés. Super)
16e	AX-53	Rouvière (Emile)
4e	BO-44	Roux (bd de)
4e	BN-44	Roux (de)
4e	BN-44	Roux (imp. de)
5e	BR-47	Roux (pl. Pierre)
7e	BS-53	Roux (trav. de)
9e	BX-46	Roux (bd)
9e	BV-48	Roux (imp.)
9e	CA-49	Roux (Raymond)
12e	BP-38	Roux (imp.)
15e	BC-47	Roux (Augustin)
4e	BN-44	Roux (Prolongé) (bd de)
6e	*BP-50	Roux de Brignoles
4-13e	BM-43	Roux de Corse
16e	AW-57	Rove (route du)
11e	BS-40	Roxana (imp.)
8-9e	CC-51	Roy d'Espagne (ch. du)
11e	BU-33	Ruat (bd P.)
2-3e	BL-49	Ruffi (de)
3e	BK-49	Ruffi (imp.)

Arr.	Carreau	Appellation
5e	BR-45	Ruinat (Pascal)
11e	BV-28	Ruissatel (de)
11e	BU-27	Ruissatel (imp. de)
16e	BB-49	Ruisseau (du)
16e	AZ-50	Ruisseau du Figuier (imp. du)
15-16e	BB-49	Ruisseau Mirabeau (ch. du)
10e	BW-42	Rustique (trav. de la)
		S
7e	BS-52	Sabater
12e	BO-39	Sables Jaunes (ch. des)
8e	BY-52	Sablier (bd du)
9e	BW-48	Sablière (imp. de la)
11e	BV-34	Sablière (route de la)
11e	BV-34	Sablière (trav. de la)
10e	BU-45	Saccoman (bd)
11e	BU-33	Sacoman (pl. Louis)
16e	AX-53	Sacoman (all.)
16e	AY-51	Sacoman (av.)
16e	AX-53	Sacomanne (imp. de la)
16e	AY-53	Sacomanne (trav. de la)
8e	BZ-55	Sacouman (imp.)
15e	BE-46	Sagittaire (all. du)
10e	BV-42	Saigon (bd de)
6-8e	BS-49	Saint Adrien
12e	BM-41	Saint Alexis (trav.)
14e	BJ-47	Saint André
16e	BB-50	Saint André (quartier)
2e	BN-50	Saint Antoine
2e	BN-50	Saint Antoine (trav.)
15e	AY-47	Saint Antoine
15e	AY-45	Saint Antoine (quartier)
15e	AV-45	Saint Antoine (route)
15e	BB-46	Saint Antoine à Saint Joseph (ch. de)
10e	BV-41	Saint Augustin
12e	BP-43	Saint Barnabé (av. de)
12e	BQ-42	Saint Barnabé (quartier)
14e	BI-45	Saint Barthélémy (quartier)
1er	*BO-48	Saint Bazile
1er	*BO-48	Saint Bazile (trav.)
4e	BM-45	Saint Bruno
4e	BM-44	Saint Bruno (bd)
1er	*BN-50	Saint Cannat
2e	BI-50	Saint Cassien
2e	BK-50	Saint Cassien
1er	BM-47	Saint Charles (quartier)
4e	BM-45	Saint Charles (imp.)
4e	BM-45	Saint Charles (ruelle)
11e	BU-31	Saint Christophe (pl.)
11e	BW-38	Saint Clair
3e	BL-49	Saint Claude
14e	BK-45	Saint Clément (bd)
6e	BR-51	Saint Domingue (imp. de)
1er	*BO-49	Saint Dominique
1er	*BO-49	Saint Dominique (trav.)
10e	BS-48	Saint Eloi
2e	BN-50	Saint Esprit (mont.)
4e	BM-45	Saint Etienne (trav.)
5-10e	BR-47	Saint Etienne
9e	BZ-54	Saint Etienne (pl.)
7e	BP-53	Saint Exupéry (pl.)
8e	BU-50	Saint Exupéry (av.)
1er	*BO-49	Saint Ferréol
6e	BR-51	Saint François d'Assise
4e	BO-45	Saint François De Sales

Arr.	Carreau	Appellation
14e	BJ-47	Saint Gabriel
14e	BJ-46	Saint Gabriel (quartier)
13e	BL-43	Saint Georges
8e	BV-50	Saint Giniez (quartier)
16e	AZ-51	Saint Henri (ch. de)
16e	AZ-51	Saint Henri (quartier)
8e	BT-50	Saint Hermentaire
4e	BO-44	Saint Honoré (imp.)
4e	BP-44	Saint Hugues (imp.)
6e	*BO-50	Saint Jacques
12-13e	BO-34	Saint Jacques (imp.)
2e	BO-50	Saint Jaume
2e	BN-51	Saint Jean (av.)
7e	BP-53	Saint Jean
7e	BP-54	Saint Jean (trav.)
10e	BT-46	Saint Jean (bd)
3e	BK-48	Saint Jean Baptiste (imp.)
14e	BK-44	Saint Jean de Dieu (bd)
14e	BK-44	Saint Jean de Dieu (trav.)
4e	BQ-44	Saint Jean de Garguier
5-12e	BR-45	Saint Jean du Désert (ch. de)
12e	BR-43	Saint Jean du Désert (quartier)
12e	BR-40	Saint Jean du Désert (trav.)
13e	BJ-40	Saint Jérôme (av. de)
13e	BI-41	Saint Jérôme (quartier)
14e	BE-44	Saint Joseph (quartier)
14e	BF-44	Saint Joseph à Sainte Marthe (ch. de)
12e	BP-42	Saint Julien (av. de)
12e	BO-38	Saint Julien (quartier)
13e	BN-37	Saint Julien (parc)
4-13e	BM-44	Saint Just (av. de)
13e	BL-43	Saint Just (quartier)
13e	BM-42	Saint Just (trav.)
7e	BP-53	Saint Lambert (quartier)
2e	BN-51	Saint Laurent
2e	BN-51	Saint Laurent (parvis de)
7e	*BO-51	Saint Laurent (Tunnel)
3e	*BM-49	Saint Lazare (quartier)
3e	*BM-49	Saint Lazare
12e	BO-43	Saint Léon
6e	BR-50	Saint Léopold
6e	BR-51	Saint Léopold (imp.)
15e	BD-48	Saint Louis (av. de)
15e	BD-48	Saint Louis (quartier)
15e	BE-48	Saint Louis (quartier)
16e	BB-49	Saint Louis (cité)
15-16e	BB-48	Saint Louis au Rove (ch. du)
10e	BV-42	Saint Loup (quartier)
11e	BU-38	Saint Loup (bd de)
6e	BR-51	Saint Luc
11e	BW-37	Saint Marcel (bd de)
11e	BW-36	Saint Marcel (bd)
11e	BU-36	Saint Marcel (quartier)
7e	BQ-54	Saint Martin (G.)
7e	BQ-54	Saint Martin (imp.)
2e	BN-50	Saint Mathieu
7e	BP-52	Saint Maurice (Rampe)
3e	BJ-48	Saint Mauront (quartier)
11e	BV-34	Saint Menet (av. de)
11e	BX-31	Saint Menet (av.)
11e	BV-32	Saint Menet (mont. de)
11e	BX-32	Saint Menet (quartier)

Arr.	Carreau	Appellation
11e	BW-29	Saint Menet (trav. de)
11e	BU-31	Saint Menet aux Accates (ch. de)
6e	*BP-48	Saint Michel
8e	BZ-54	Saint Michel (trav.)
13e	BJ-42	Saint Mihiel (trav.)
13e	BH-38	Saint Mitre (quartier)
13-14e	BF-40	Saint Mitre à Four de Buze (ch. de)
13e	BJ-42	Saint Paul (av.)
14e	BJ-43	Saint Paul (trav.)
15e	BA-48	Saint Paul (imp.)
5-6e	BQ-47	Saint Pierre
5e	BQ-45	Saint Pierre (quartier)
5e	BQ-45	Saint Pierre
10-12e	BS-43	Saint Pierre
16e	AY-51	Saint Pol Roux (bd)
2e	BN-51	Saint Pons
12e	BO-37	Saint Pons (quartier)
12e	BN-37	Saint Pons (trav.)
8e	BU-52	Saint Raphaël (av. de)
8e	CA-58	Saint Roch
9e	CA-49	Saint Roch (pl.)
11e	BV-28	Saint Roch
1er	*BO-50	Saint Saëns
9e	BZ-48	Saint Saëns (av.)
1-5e	BO-48	Saint Savourin
1er	*BO-48	Saint Savournin
6e	BR-49	Saint Sébastien
4e	BP-45	Saint Simon (imp.)
9e	CA-49	Saint Simon (bd)
6e	BQ-49	Saint Suffren
5e	*BP-48	Saint Sylvestre
1er	*BN-49	Saint Théodore
2e	BN-51	Saint Thomé
10e	BV-41	Saint Thys (av.)
10e	BW-40	Saint Thys (Groupe)
10e	BX-54	Saint Tronc (bd de)
10e	BW-45	Saint Tronc (quartier)
7e	BP-52	Saint Victor (pl.)
7e	*BQ-51	Saint Victor (quartier)
7e	BP-51	Saint Victor (trav.)
2e	BO-50	Saint Victoret
10e	BT-46	Saint Vincent (imp.)
4e	BO-47	Saint Vincent de Paul
1er	*BP-50	Sainte
7e	*BP-51	Sainte
4e	BM-44	Sainte Adélaïde
11e	BV-28	Sainte Agathe
11e	BV-28	Sainte Agathe (pl.)
4e	BM-43	Sainte Agnès
8e	BX-50	Sainte Anne (bd)
8e	BX-50	Sainte Anne (quartier)
1-2e	*BN-49	Sainte Barbe
5-10e	BR-47	Sainte Baume
5e	BR-47	Sainte Cécile
12e	BN-42	Sainte Claire (imp.)
10e	BX-41	Sainte Croix (ch. de)
2e	BN-50	Sainte Elisabeth
10e	BX-42	Sainte Eugénie (trav.)
8e	BT-48	Sainte Famille
4e	BM-44	Sainte Félicie (imp.)
7e	BQ-52	Sainte Félicité
2e	BN-51	Sainte Françoise
2e	BN-50	Sainte Françoise (imp. de la)
10e	BV-45	Sainte Geneviève (cité)
10e	BV-45	Sainte Geneviève (sq.)
12e	BQ-35	Sainte Germaine (bd)
12e	BQ-35	Sainte Germaine (imp.)
7e	BP-54	Sainte Hélène (trav.)
14e	BG-42	Sainte Jeanne (trav.)
2e	*BM-50	Sainte Julie
7e	BP-54	Sainte Lucie (bd)
11e	BT-39	Sainte Madeleine (all.)
11e	BT-39	Sainte Madeleine (quartier)
9e	BX-47	Sainte Marguerite (bd de)
9e	BV-46	Sainte Marguerite (quartier)
9e	BV-47	Sainte Marguerite (trav.)
3e	BK-47	Sainte Marie (trav.)
5e	BP-47	Sainte Marie
14e	BJ-45	Sainte Marthe (ch. de)
14e	BF-43	Sainte Marthe (quartier)
9e	CD-51	Sainte Rosalie (imp.)
4e	BO-44	Sainte Rose (trav.)
11e	BZ-32	Sainte Rose (bd)
4e	BM-45	Sainte Sophie
4e	BM-45	Sainte Thérèse
5e	BR-45	Sainte Thérèse (bd)
6e	BR-49	Sainte Victoire
3e	BL-47	Sainte Victorine
3e	BL-47	Sainte Victorine (imp.)
5e	BP-47	Saints Anges (des)
4-5e	BQ-46	Sakakini (bd)
10e	BS-46	Salamandre (imp. de la)
15e	AX-44	Salaris (imp. Jean)
16e	AZ-50	Salducci (bd Jean)
2-3e	BL-49	Salengro (av. Roger)
7e	BQ-52	Salette (imp. de la)
11e	BT-32	Salette (ch. de la)
11-12e	BQ-31	Salette (trav. de la)
12e	BP-37	Salette (bd de la)
12e	BQ-34	Salette (imp. de la)
12e	BP-42	Salicis (G.)
8e	BE-39	Salins (ham. des)
10e	BS-47	Salon (de)
4e	BN-44	Saloni (imp.)
2e	BN-50	Salvarelli (Michel)
6e	*BP-49	Salvator (bd L.)
8e	CA-56	Salyens (bd des)
12e	BM-39	Salzmann (av. Roger)
8e	BX-51	Samain (sq. A.)
9e	CC-48	Samat (av. T.)
7e	BP-53	Samatan
13e	BF-35	Samatan (av. Baron Odon De)
7e	BP-54	Sambuc (imp.)
16e	AZ-52	Sanguinetti (imp.)
15e	BD-50	Santi (trav.)
7e	BP-54	Sard
9e	CF-49	Sardou (pl. Michel)
8e	BZ-51	Sarette (rés. de la)
9e	CA-50	Sarette (de la)
13e	BE-36	Sarrail (bd du Général)
12e	BF-38	Sarriette (trav. de la)
13e	BL-41	Sartan (ch. de la)
13e	BL-40	Sartan (trav.)
4e	BM-43	Sartre (av. Jean Paul)
13e	BM-43	Sartre (av. Jean Paul)
8e	BR-46	Sarturan (imp.)
15e	BF-46	Satellites (sq.des)
15e	BE-46	Saturne
12e	BQ-38	Sauge (de la)
15e	BD-47	Saule Pleureur (av. du)
16e	AY-53	Saumaty (trav. de)
10e	BT-46	Saurel (Alfred)
12e	BR-37	Sautadou (trav. du)
14e	BG-47	Sauvage (bd Frédéric)
10e	BV-45	Sauvagère (all. de la)
12e	BO-43	Sauvan (bd)
11e	BX-34	Sauveur (imp.)
7e	BQ-53	Sauze (imp.)
11e	BY-32	Sauze (av. Albert)
8-9e	CA-51	Savary (rond point Alain)
10e	BS-46	Savignac (imp. J. de)
15e	AZ-45	Savine (bd de la)
15e	AZ-45	Savine (quartier)
15e	BE-49	Savoie (de la)
15e	AX-46	Savournin (imp.)
11e	BU-33	Savy (bd H.)
16e	AX-54	Scaphandriers (des)
4-12e	BO-43	Scaramelli (François)
3e	BL-47	Schiaffini (Roger)
8-9e	BU-48	Schloesing (bd)
2e	BJ-49	Schœlcher (rond point Victor)
2e	BN-51	Schuman (av. Robert)
6e	BR-49	Schweitzer (du Docteur Albert)
15e	AZ-47	Scierie (bd de la)
10e	BS-48	Scott (Arthur)
1er	*BO-49	Scotto (Vincent)
8e	CD-60	Scotto (imp. V.)
7e	BQ-52	Scudéry
11e	BX-34	Sébastiani (av.)
4e	BP-46	Sébastopol (pl.)
5e	BQ-46	Sedan (Docteur. Sim.)
12e	BP-40	Seignelay (bd)
9e	CC-48	Seigneurie (trav. de la)
7e	BR-53	Selian (trav.)
1er	*BN-48	Sémard (av. Pierre)
1er	*BN-48	Sembat (Marcel)
2e	BN-51	Séminaire (pl. du)
13e	BK-39	Semoulerie (trav. de la)
1er	*BO-48	Sénac de Meilhan
13e	BI-39	Senes (de l'Amiral)
16e	BA-50	Séon (de)
15e	AZ-46	Sept Tirailleurs Algériens (bd du)
15e	BA-47	Septemes (de)
8e	BX-51	Sérane (av. de la)
8e	BX-51	Sérane (la) (quartier)
15e	BG-49	Séraphin
13e	BH-40	Serens (ch. des)
12e	BP-43	Série
8e	BU-52	Sérot (av. du Colonel)
14e	BF-46	Serpentine (all.)
7e	BP-54	Serre (imp.)
7e	BR-54	Serre (trav. de la)
8e	BZ-54	Serre (bd)
13e	BJ-41	Serre (imp.)
13e	BE-38	Serre (quartier)
16e	BB-50	Serre (Michel)
13e	BK-43	Sert (Joseph)
11e	BS-34	Serviane (trav. de la)
12e	BR-35	Servianne (imp. de la)
12e	BS-35	Servianne (trav. de la)
3e	BL-46	Séry
3e	BL-46	Séry (imp.)
3e	BL-46	Séry (trav.)
10e	BT-44	Sète (imp. de la)
11e	BZ-32	Séverine (bd)
13e	BN-36	Séverine (av.)
14e	BJ-43	Séverine (imp.)
15e	BD-50	Séverine
15e	BJ-48	Sévigné (bd de)
14e	BJ-45	Seymandi
14e	BE-45	Seymandi (imp.)
7e	BQ-53	Seyssaud (René)

Arr.	Carreau	Appellation
11e	BV-37	Siam (du)
1er	*BP-48	Sibié
8e	BU-50	Sicard (bd E.)
8e	BY-50	Sicard (bd)
10e	BX-44	Sicard (imp.)
5e	BP-46	Sidi Brahim (sq.)
9e	BZ-49	Sidole
10e	BU-43	Sidolle (bd)
12e	BN-40	Siebel (av.)
8e	BZ-49	Siegfried (av. J.)
13e	BK-43	Signoret (trav.)
10e	BW-42	Sigur (trav.)
12e	BN-40	Sigurd (av.)
15e	BB-45	Silence (trav. du)
12e	BQ-43	Simian (bd)
15e	BI-48	Simiane (de)
3e	BM-46	Simon (François)
4e	BP-46	Simon (B.)
4e	BN-45	Siphon (trav. du)
12-13e	BO-36	Siphon (trav. du)
15e	BE-46	Sirius (all.)
5e	BR-45	Smyrne (de)
14e	BI-45	SNCF (cité)
1er	*BO-48	Socrate
14e	BD-45	Solar (bd Etienne)
14e	BD-45	Solar (imp. Etienne)
13e	BG-36	Sole Mio (av.)
7e	BR-53	Soleil (du)
11e	BS-42	Soleils (pl. des)
11e	BY-32	Soleirol (bd A.)
8e	BK-47	Solférino (imp.)
6e	BQ-51	Solférino (imp.)
6e	CA-44	Solitaires (imp. des)
12e	BZ-31	Solitude (de la)
11e	BY-31	Solitude (trav. de la)
7e	BP-53	Sollier
9e	CE-49	Sollier (av.)
6e	*BO-49	Solliers (Perrin)
9e	BY-46	Solvert (av.)
8e	BW-49	Sormiou (imp. Marie de)
9e	CE-49	Sormiou (chemin de)
9e	CE-51	Sormiou (chemin de)
9e	CE-51	Sormiou (quartier)
9e	CB-50	Soude (av. de la)
9e	CC-49	Soude (ch. de la)
2e	BG-51	Souffre (quai au)
14e	BJ-45	Soulat (all. Marcel)
11e	BS-41	Soult (bd)
9e	BY-45	Source (trav. de la)
15e	BD-50	Source (trav. de la)
12e	BR-42	Sources (les) (quartier)
12e	BR-41	Sourcier (bd du)
12e	BS-53	Souvenir (ch. du)
11e	BV-39	Souvenir (pl. du)
7e	BO-52	Souvenir Français (mont. du)
8e	BZ-53	Spahis (imp. des)
14e	BF-40	Spinelli (imp.)
3e	BK-48	Spinelly
9e	BV-48	Square Jean Bouin
9e	BV-49	Square Michelet (cité)
8e	BZ-54	Square Pol Simon (sq. Pol)
15e	AX-45	Stade (du)
14e	BH-45	Station (bd de la)
14e	BH-45	Station au Canet (ch. de la)
9e	BY-48	Stendhal (av.)
4e	BN-46	Stephan (Edouard)
3e	BL-48	Stilatti (Mathieu)
3e	BM-48	Strasbourg (bd de)
3e	BM-49	Strasbourg (pl. de)
13e	BM-38	Suarez (André)
12e	BP-43	Suchet (bd)
8e	BU-52	Sud (all. du)
5-10e	BS-46	Sud Valbarelle (cité)
7e	BO-53	Suez (imp.)
14e	BK-46	Sumian (imp.)
15e	AX-44	Supérieure
11e	BW-33	Supière (la) (quartier)
15e	AX-47	Surcouf (pl.)
7e	*BP-51	Surian (du Commandant De)
13-14e	BI-40	Susini (trav. Charles)
15e	BD-48	Susini (pl. Charles)
11e	BZ-31	Sycomores (all. des)
13e	BK-40	Sylva (Berthe)
6e	*BQ-50	Sylvabelle
12e	BR-39	Sylvestre (bd)
12e	BR-39	Sylvestre (imp.)
13e	BL-44	Sylvestre (imp.)

T

Arr.	Carreau	Appellation
7e	BP-52	Taddéi (Fr.)
9e	BW-48	Tahure (av. de)
4e	BM-45	Taillet (imp.)
13e	BL-36	Taillis (des)
9e	BY-49	Taine (av.)
7e	BT-52	Talabot (av.)
8e	BY-52	Talabot (imp.)
15e	BH-49	Talabot (Paulin)
7e	BV-38	Talus (bd des)
3e	BK-49	Tamarin (imp.)
10e	BV-46	Tamaris (all. des)
2e	BG-50	Tamatave (imp.)
2e	BG-50	Tamatave (trav.)
9e	CE-51	Tambourin (trav. du)
11e	BS-27	Tambourinaires de Santo Estello (ch. des)
8e	CA-54	Tanneur (bd)
13e	BM-35	Taoume (imp.)
1er	*BO-49	Tapis Vert (du)
11e	BU-40	Tarascon (av. de)
15e	CE-48	Tardieu (imp.)
7e	BV-54	Targuist (trav.)
13e	BI-42	Tarn (all. du)
15e	BG-49	Tarquin (pl. Edgar)
15e	AX-49	Tartane (de la)
6e	BR-51	Tartares (des)
14e	BG-43	Tartarin (imp.)
2e	BN-51	Tasso (Henri)
8e	BZ-54	Tassy
13e	BG-37	Tastevin (trav.)
1er	*BP-50	Taulière (la)
9e	CB-47	Tavan (A.)
7e	BQ-54	Taza (bd de)
11e	BV-34	Tchorlou (rond point J. De)
4e	BO-45	Teissère
8e	BV-48	Teissère (Raymond)
14e	BK-46	Teissère
2e	BG-50	Télégraphe (trav. du)
13e	BF-39	Télévision (ch. de la)
7e	BS-51	Tellène (bd)
14e	BG-47	Tellier (Charles)
12e	BP-42	Temple (du)
13e	BK-38	Templier (av. du)
16e	AZ-51	Ténérife (trav. de la)
15e	AY-47	Terminus (imp. du)
7e	BR-52	Terrail (imp.)
2e	*BN-50	Terras (du)
2e	*BN-50	Terras (pl. du)
13e	BL-44	Terray (Lionel)
5e	BP-47	Terrusse
5e	*BP-48	Terrusse
8e	BT-51	Tertian (imp.)
5-10e	BS-46	Testanière (bd)
4e	BM-44	Tête Noire (esc. de la)
9e	CB-48	Teyssier (bd V.)
1er	*BO-48	Théâtre Français (du)
14-15e	BF-46	Theolet
7e	BS-51	Thérésa
13e	BJ-37	Thermidor (bd)
3e	BM-48	Therobe (Père Louis)
3e	BM-47	Thèse (bd de la)
3e	BM-47	Thèse (imp. de la)
15e	BB-45	Thèse (imp. de la)
1er	*BP-50	Thiars (pl.)
10e	BS-48	Thibaud
5e	BQ-47	Thiepval
1er	*BO-48	Thierry (crs Joseph)
1er	*BO-48	Thiers (Adolphe)
1er	*BO-48	Thiers (quartier)
15e	AX-49	Thiers (bd)
8e	BX-50	Thieux
15e	AY-47	Thollon (bd du Commandant Robert)
7e	BQ-52	Thomas (bd Marius)
15e	BA-50	Thomas (bd)
16e	BA-50	Thomas (bd)
7e	BP-53	Thourey
11e	BS-27	Thouvenin (pl. M.)
1er	*BO-49	Thubaneau
11e	BW-26	Thuilière (ch. de la)
11e	BW-25	Thuilière (la) (quartier)
6e	*BP-49	Thurner (bd Th.)
9-10e	BM-49	Thym (all. du)
8e	CA-58	Tibido (A.)
8e	BZ-54	Tiboulen (trav. de)
4e	BL-55	Tilleuls (all. des)
3e	CC-43	Tilleuls (av. des)
13e	BK-35	Tilleuls (av. des)
13e	BL-43	Tilleuls (bd des)
13e	BL-43	Tilleuls (imp. des)
6e	*BQ-48	Tilsit
2e	BN-50	Timon (du)
1er	*BP-50	Timon-David (passage)
10e	BS-45	Timone (av. de la)
10e	BS-45	Timone (la) (quartier)
11e	BV-33	Timone (av. de la)
15e	AX-49	Tisserands (pl. des)
14e	BG-46	Tisseron (bd)
8e	BZ-54	Tissot (imp.)
8e	BP-47	Tivoli
7e	BP-53	Tobelem (Sauveur)
8e	BZ-53	Toche (imp.)
9e	CC-48	Togo (bd du)
9e	BZ-54	Tolstoï (imp.)
7e	CA-49	Tomasi (H.)
10e	BU-45	Tonkin (trav. du)
15e	BE-48	Tonkin (du)
9e	BZ-49	Tonneliers (des)
12e	BM-40	Tontini (imp.)
3e	BI-41	Topaze
8e	CA-51	Tornezy (trav.)
6e	*BO-50	Torrents (Stanislas)
10e	BT-42	Torrezani (av. Louis) 50
12e	BN-40	Tosca (av.)
5-10e	BS-47	Toulon (av. de)
12e	BS-35	Toulon (rond point Gérard)
5e	BP-47	Toulouse (de)
1er	*BO-50	Tour (de la)
7e	BS-52	Tour (imp. de la)
9e	CA-50	Tour (de la)
13e	BK-42	Tour (la) (quartier)

Arr.	Carreau	Appellation
15e	BC-45	Tour Blanche (av. de la)
9e	CA-50	Tour Notre-Dame (la) (cité)
14e	BF-44	Tour Sainte (av. de la)
14e	BE-44	Tour Sainte (la) (quartier)
14e	BE-44	Tour Sainte (trav. de la)
11e	BR-30	Tourache (la) (quartier)
8e	BE-46	Touraine (all. de)
14e	BG-41	Tourelle (imp. de la)
2e	BN-51	Tourette (espl. de la)
2e	BN-51	Tourette (quai de la)
2e	BN-52	Tourette (terre plein de la)
11e	BU-36	Tourette (trav. de la)
4e	BO-45	Tournon
15e	AW-43	Tours (de)
13e	BK-38	Tourterelles (all. des)
8e	BW-50	Tourville (av. de)
3e	BL-47	Toussaint
15e	BB-47	Tramontane (de la)
15e	AX-49	Transhumants (trav. des)
4e	BN-45	Transvaal (du)
13e	BE-36	Travail (bd du)
9e	CA-49	Traverson
8e	BT-52	Trayas (av. du)
9e	BZ-50	Treille (de la)
11e	BS-27	Treille (la) (quartier)
11e	BT-28	Treille (route de la)
11e	BU-29	Treille (route de la)
11e	BU-28	Treille (trav. de la)
2e	BN-51	Treize Cantons (pl. des)
3e	*BM-49	Treize Escaliers (des)
12e	BQ-44	Trevaresse (trav. de la)
16e	BA-49	Trianon (imp.)
8e	BZ-53	Tricon (bd)
8e	BZ-56	Trident (bd du)
2e	BN-50	Trigance (de)
9e	BV-46	Trinitaires (av. des)
9e	BV-47	Trinitaires (bd des)
2e	BN-50	Trinquet (Jean)
8e	BZ-51	Triolet (av. Elsa)
9e	BX-48	Triolet (rés. le)
9e	BX-48	Trioulet (trav. du)
8e	BZ-55	Tritons (bd des)
4e	BM-44	Trivier (trav.)
4e	BL-45	Troènes (all.)
12e	BP-34	Troènes (imp. des)
14e	BG-40	Troènes (av. des)
15e	BE-46	Troïa (Edouard)
6e	*BP-48	Trois Frères Barthélemy (des)
4e	BO-45	Trois Frères Carasso (des)
12e	BQ-36	Trois Lucs (av. des)
12e	BO-34	Trois Lucs (les) (quartier)
12e	BQ-35	Trois Lucs (pl. des)
11-12e	BR-34	Trois Lucs à la Valentine (route des)
1-6e	*BP-48	Trois Mages (des)
11e	BU-36	Trois Maisons (imp. des)
5e	BQ-45	Trois Poilus (imp. des)
10e	BW-42	Trois Ponts (des)
6e	*BP-48	Trois Rois (des)
16e	BA-50	Trois Sœurs (trav.)
9-10e	BV-46	Trollat (bd)
9-10e	BV-46	Trollat (imp.)
13e	BJ-42	Trompette
16e	AZ-51	Tronc (imp.)
13e	BD-34	Troubadour (du)
14e	BG-43	Troyes (bd de)
14e	BI-47	Truphème (bd)
15e	AX-47	Tuileries (ch. des)
8e	BU-51	Tunis (bd de)
8e	BS-51	Turbine (de la)
8e	BV-28	Turbine (trav. de la)
12e	BP-43	Turcan
8e	BS-49	Turcat Méry
7e	BP-53	Turcon
3e	*BN-49	Turenne (de)
12e	BM-41	Turgot (bd)
12e	BP-40	Tuvière (bd de la)
7e	*BP-51	Tyrans (des)
15e	BE-46	Uranus
2e	BK-49	Urbain V
2e	BL-50	Urfé (d')
14e	BJ-47	Usine (de l')
16e	AW-55	Usines (imp. des)
16e	AW-56	Usines (mont. des)
16e	AX-53	Va à la Mer (trav.)
1er	*BO-49	Vacon
8e	BX-53	Vagues (bd des)
8e	BX-53	Vagues (mont. des)
3e	BK-47	Vaillant (av. Edouard)
9e	CD-50	Vaisseau (bd du)
13e	BK-40	Val Brise (all.)
9e	BX-44	Val des Bois (all. du)
9e	BX-45	Val des Bois (ch. du)
9e	BX-44	Val des Bois (rés.)
13e	BI-40	Val des Pins (rés.)
7e	BQ-52	Val Emeraude (imp.)
13e	BL-41	Val Mont (quartier)
13e	BJ-38	Val Plan (groupe)
13e	BK-38	Val Plan (trav.)
15e	BA-46	Val Plan (trav.)
11e	BY-29	Val Pré (quartier)
10e	BV-41	Valbarelle (trav. de la)
10e	BU-39	Valbarelle (bd de la)
11e	BU-40	Valbarelle (imp.)
11e	BW-38	Valbarelle (la) (quartier)
11e	BU-39	Valbarelle (parc de la)
10-11e	BV-41	Valbarelle à Saint Marcel (ch. de la)
13e	BL-41	Valdonne (av. de la)
7e	BQ-52	Valentin (mont. Commandant René)
11e	BU-33	Valentin (bd)
11e	BT-33	Valentine (la) (quartier)
11e	BV-35	Valentine (route de la)
7e	BP-53	Valéry (H.)
9e	CD-50	Valette (trav.)
13e	BL-42	Valette (bd)
11e	BT-28	Vallat de la Marteline (ch. du)
12e	BP-38	Vallée (imp. de la)
8e	BT-50	Vallence
13e	BJ-43	Vallès (Jules)
7e	BP-54	Vallon (trav. du)
9e	CD-48	Vallon (av. du)
11e	BV-37	Vallon (du)
15e	AZ-45	Vallon (bd du)
16e	AX-44	Vallon (du)
16e	AX-50	Vallon (le) (cité)
11e	BW-35	Vallon Chaumery
14e	AX-51	Vallon de Bizet
11e	BX-35	Vallon de la Barasse (ch. du)
11e	BW-27	Vallon de la Micouline (ch. du)
7e	BR-53	Vallon de l'Oriol (ch. du)
7e	BS-52	Vallon de l'Ortignes (trav. du)
11e	BV-26	Vallon de Ruissatel (ch. du)
11e	BV-37	Vallon de Saint Cyr
9-10e	BX-44	Vallon de Toulouse (ch. du)
7e	BP-54	Vallon des Auffes (du)
15e	AX-44	Vallon des Mayans (du)
15e	AY-44	Vallon des Peyrards
15e	AY-45	Vallon des Pins (ch. du)
15e	AY-53	Vallon des Tuves (ch. du)
15e	AV-45	Vallon Dol (av. du)
14e	BE-40	Vallon Femme Morte (ch.)
7e	BQ-52	Vallon Jourdan (imp.)
7e	BQ-52	Vallon Jourdan
6e	BR-51	Vallon Montebello
13e	BK-34	Vallon Vert (ch. du)
9e	CA-47	Valmante (rés.)
9e	CA-48	Valmante Michelet (rés.)
9e	CD-48	Valmont (av.)
12e	BN-42	Valmy (de)
7e	BR-54	Valon de la Baudille
16e	AZ-52	Valouise (de la)
12e	BQ-41	Van Gogh (av.)
8e	BS-48	Vandel
16e	BA-50	Varsovie (de)
15e	BB-48	Vassas (pl. Jean)
6e	BR-51	Vauban (bd)
6e	BR-50	Vauban (quartier)
12e	CE-51	Vaucanson (bd)
5e	BQ-45	Vaucouleurs (de)
2e	BN-51	Vaudoyer (av.)
11e	BR-32	Vaudran (quartier)
11-12e	BT-33	Vaudrans (imp. des)
12e	BR-34	Vaudrans (all. des)
9e	CC-43	Vaufrèges (quartier)
12e	BP-39	Vauquois (bd de)
9e	BW-47	Vauthier (pl. du Docteur)
7e	*BP-51	Vauvenargues
9e	BY-48	Védrines (av.)
9e	BX-48	Védrines (imp.)
15e	BE-46	Véga
8e	CA-52	Velasquez (bd)
4e	BM-45	Velten (bd)
4e	BM-44	Velten (imp.)
15e	BE-46	Vendée (all. de)
13e	BJ-37	Vendémiaire (all.)
7e	BQ-52	Vendôme
12e	BR-41	Vendôme (le) (rés.)
6e	BQ-51	Venise (de)
6e	BR-51	Venise (pl. de)
16e	AX-53	Vente (trav. de la)
13e	BJ-37	Ventose
1er	*BP-49	Venture
15e	BE-46	Vénus (pl. de)
11e	CA-32	Ver Luisant (all. du)
7e	BR-53	Véran (bd)
16e	AY-53	Véran (imp.)
16e	AX-54	Veray (trav.)
13e	BL-43	Verd (bd)
13e	BM-34	Verdal (du)
9e	BY-48	Verdière (la) (rés.)

Arr.	Carreau	Appellation
13e	BL-41	Verdière (bd de la)
10e	BS-46	Verdilhan
10e	BV-44	Verdillon
14e	BI-42	Verdon (bd du)
5e	BP-46	Verdun (imp.)
15e	AW-49	Verduron (quartier)
13e	BE-37	Verger (bd Bernard)
10e	BS-47	Vergnaud
15e	BA-47	Verjus (bd Jean)
4e	BL-45	Verlaine
9e	CF-49	Verlaque (av.)
7e	BQ-53	Vermer (imp.)
2e	BO-50	Verne (pl. Jules)
8e	BX-50	Verne (bd)
8e	BW-53	Vernejoul (rond point Professeur de)
8e	BV-51	Vernet (bd J.)
3e	CB-57	Verrerie (bd de la)
10e	BU-44	Verrerie (trav. de la)
3e	BL-48	Versailles (de)
15e	BE-46	Verseau (pl. du) 56
15e	AX-46	Vert clos
9e	BX-46	Vert Parc (all.)
14e	BJ-44	Vert Parc (quartier)
9e	CD-49	Vert Plan (bd)
5e	*BQ-47	Vertus (des)
5e	BR-48	Vertus (des)
13e	BL-43	Vervène (imp. de la)
7e	BR-52	Vève (Marcel)
8e	BY-53	Vézien (bd Joachim Elie)
15e	AY-46	Viaduc (trav. du)
4e	BM-45	Vial (trav.)
8e	BY-52	Vial (imp.)
15e	BF-48	Viala (bd)
6e	*BP-48	Vian
12e	BQ-42	Vian (av. M.)
12e	BP-33	Vicari (imp. R.)
16e	BA-50	Victor (bd)
13e	BK-40	Victoria (av.)
8e	BY-53	Vidal (av. Joseph)
8e	BY-55	Vidal (pl. J.)
13e	BL-43	Vidal (bd)
8e	BZ-52	Vieille Chapelle (quartier)
9e	CA-49	Vieille Eglise (imp. de la)
9e	CA-50	Vieille Eglise (pl. de la)
2e	BN-50	Vieille Tour (de la)
9e	CE-51	Vielle (imp. de la)
11e	BU-40	Vienne (av. de)
14e	BE-44	Vieux Moulin (trav. du)
2e	*BN-49	Vieux Palais (du)
15e	BE-45	Vieux Platane (pl. du)
15e	AW-49	Vigie (trav. de la)
2e	BF-50	Vignal (all.)
6e	BQ-50	Vignerons (des)
10e	BT-45	Vignes (imp. des)
12e	BN-40	Vignes (bd des)
15e	AX-48	Vignes (all. des)
8e	BX-51	Vigny (sq. A.)
12e	BN-39	Vigo (imp. de)
15e	BG-49	Villa Oddo
6e	BQ-49	Village (de)
11e	BW-27	Village (du)
11e	BT-38	Village d'Entreprise (cité)
11e	BU-35	Village Estellan (cité)
6e	BQ-50	Villageon (trav.)
6e	BP-45	Villas (all. des)
6e	BR-50	Villas Paradis
14e	BK-45	Villecroze (bd Louis)

Arr.	Carreau	Appellation
1er	*BO-48	Villeneuve
12e	BR-49	Villetelle (bd)
3e	BL-49	Villette (de la)
3e	BL-49	Villette (la) (quartier)
10e	BV-45	Vimar (pl. A.)
8e	BY-51	Vin (trav. F.)
12e	BN-34	Vincennes (bd de)
16e	AY-51	Vincenti (trav.)
12e	BP-40	Vingt Quatre Avril 1915 (av. du)
15e	BI-49	Vintimille (bd de)
4e	BO-45	Visitation (de la)
13e	BI-39	Visitation (av. de la)
15e	BB-48	Viste (av. de la)
15e	BA-48	Viste (la) (quartier)
13e	BL-43	Vitagliano (bd)
12e	BO-47	Vitalis
9e	BX-48	Viton (av.)
11e	BV-40	Vitrolles (av. de)
2e	BN-51	Vivaux (pl.)
9e	CB-50	Voie Privée
16e	BK-46	Voirie (imp. de la)
10e	BW-42	Volga (trav. de la)
1er	*BN-48	Voltaire (bd)
8e	BZ-52	Volubilis (bd des)
7e	BS-53	Voyageurs (trav. des)
		W
13e	BL-37	Weil (Simone)
10e	BV-41	Weygand (du Général M.)
2e	BF-52	Wilson (quai)
		X
13e	BG-34	Xaviers (ch. des)
13e	BF-34	Xaviers (imp. des)
13e	BF-34	Xaviers (les) (quartier)
		Y
12e	BP-39	Ypres (d')
11e	BS-41	Ysnard (bd)
		Z
16e	BA-50	Zamenhof (imp.)
12e	BN-39	Zamora (imp. de)
12e	BN-39	Zampa (av.)
4e	BO-45	Zarokeli
3e	*BN-49	Zattara (Antoine)
8e	BZ-51	Zenatti (av. André)
16e	AZ-52	Zengler (imp.)
7e	BS-53	Zéphirs (imp. des)
7e	BS-53	Zéphirs (trav. des)
13e	BJ-47	Zeytounzian (bd Charles)
15e	BH-48	Zoccola (av. Félix)
15e	BE-46	Zodiaque (du)
9e	CA-49	Zola (Emile)

EDIFICES PUBLICS

Administrations et Services

Arr.	Carreau	Appellation
15e	BE-49	Abattoirs
7e	BQ-54	Agence d'Urbanisme
3e	BM-48	ANPE
4e	BM-45	"
5e	BO-47	"
7e	BP-52	"
8e	BT-48	"
9e	BV-47	"
15e	BI-49	"
3e	BK-49	Archives Départementales
3e	BM-47	Archives Municipales
14e	BI-46	ASSEDIC

Arr.	Carreau	Appellation
15e	BD-50	Ateliers de Réparation Navale
8e	BY-52	Auberge de Jeunesse
7e	BO-52	Auditorium
7e	BO-53	Bains
2e	BK-50	Bascule
14e	BF-43	Bassin
7e	BN-53	Batterie
3e	*BN-49	Bourse du Travail
11e	BU-33	Brasserie
	CE-45	BRGM
14e	BI-46	CAF
14e	BH-45	Camp de Sainte Marthe
15e	BC-46	Camp Militaire de la Delorme
13e	BE-33	Carrière
13e	BE-48	Carrière
14e	BC-44	Carrière
14e	BB-44	Carrière
16e	AW-53	Carrière
13e	BD-37	Carrière de l'Etoile
14e	BD-42	Carrière de Ste Marthe
9e	BU-47	Caserne
3e	BO-53	Caserne Audéoud
5e	BR-47	Caserne Beauvau
3e	BM-47	Caserne Busserade
7e	BO-52	Caserne d'Aurelle
3e	BM-48	Caserne des Douanes
3e	BM-47	Caserne du Muy
13e	BK-36	Caserne la Ravelle
15e	BC-50	Caserne Mirabeau
1er	*BO-50	CCI
12e	BO-39	Central Téléphonique
2e	BL-50	Centre d'Affaires Les Docks
16e	AZ-53	Centre de Transit des Résidus
8e	BX-50	Centre des Impôts
12e	BO-42	Centre des Impôts
16e	AY-50	Centre Technique du Transport
16e	BA-52	Chais à Vins
11e	BR-33	Cimetière
11e	BT-31	"
11e	BT-33	Cimetière
11e	BU-27	"
11e	BV-37	"
11e	BX-32	"
13e	BG-34	"
13e	BO-34	"
14e	BG-43	"
15e	AX-46	"
15e	BB-47	"
16e	AZ-50	"
8e	BZ-49	Cimetière Anglais
14e	BI-47	Cimetière Anglais
11e	BS-27	Cimetière de la Treille
9e	CA-49	Cimetière de Mazargues
10e	BS-45	Cimetière Israélite
12e	BO-34	Cimetière Israélite
16e	AY-51	Cimetière Saint Henri
14e	BI-40	Cimetière Saint Jérôme
12e	BP-37	Cimetière Saint Julien
15e	BC-48	Cimetière Saint Louis
15e	BA-54	Cimetière Saint Pierre
12e	BR-37	Cimetière Sainte Anne
9e	CG-44	CIRM (Centre International de Rencontres Mathématiques)

Arr.	Carreau	Appellation
13e	BH-37	CMI (Centre de Mathématiques et d'informatique)
9e	BY-48	CNRS
9e	CG-44	CNRS
12e	BO-35	CNRS
7e	BO-52	Communauté des Communes
7e	*BP-51	Conseil de Prud'hommes
2e	*BN-49	Conseil Régional
5e	BP-46	CPAM
6e	BQ-50	"
9e	CA-47	"
12e	BS-39	"
9e	CF-45	CPPM (Centre de Physique des Particules de Marseille)
10e	BS-44	Crématorium
9e	CF-45	CRMC2
5e	BR-44	CRS
3e	BK-36	CRS
3e	*BN-49	DDE
5e	BR-44	Dépôt de Tramways
16e	BB-51	Dépôt Liquides en Vrac
16e	AZ-51	Dépôt Pétrolier
13e	BI-37	Dépôt RTM
12e	BQ-44	Dépôt SNCF
9e	CE-45	DIVM
2e	*BO-51*	*Douane*
7e	*BO-51	Douane
13e	BI-37	ECML (Ecole de Conception et de Maintenance de Logiciels)
9e	BY-47	EDF
11e	BT-37	"
12e	BO-41	"
13e	BJ-42	"
8e	BT-48	EDF-GDF
15e	BI-49	EDF-GDF
15e	BE-51	Entrepôts Magasins
12e	BR-44	Etablissements Militaires
9e	CC-44	France Télécom
2e	BJ-49	Gare de Marchandises d'Arenc
3e	BK-47	Gendarmerie
8e	BS-49	"
10e	BS-47	"
15e	BB-46	"
15e	BD-47	"
10e	BS-45	Gendarmerie Nationale
3e	BM-49	Halles
16e	AY-52	Halles à Marée
2e	*BN-50	Hôtel de la Marine
2e	*BO-50*	*Hôtel de Ville*
4e	BM-44	Hôtel du Département
9e	CF-45	INSERM
12e	BR-36	Institut de la Cadenelle
7e	BN-52	Institut de Médecine et de Pharmacie Tropicales
13e	BI-37	Institut Méditérranéen de Technologie
9e	CE-45	IRPHE
13e	BH-37	IRPHE
13e	BH-36	IUSTI
3e	BL-47	Justice de Paix
12e	BO-35	Laboratoire d'Astronomie
13e	BI-37	Laboratoire Vétérinaire Départemental
9e	CF-45	Laboratoires CNRS
7e	BT-39	Mairie Annexe
1er	*BO-48	Mairie des Ier et VIIe arr.
2e	*BN-51*	*Mairie des IIe et IIIe Arr.*
5e	BP-46	Mairie des IVe et Ve arr.
10e	BW-46	Mairie des IXe et Xe arr.
8e	BU-51	Mairie des VIe et VIIIe arr.
12e	BR-39	Mairie des XIe et XIIe arr.
14e	BE-45	Mairie des XIIIe et XIVe arr.
15e	BF-48	Mairie des XVe et XVIe arr.
12e	BM-38	Maison des Jeunes
12e	BP-35	Maison des Jeunes
13e	BJ-38	Maison des Jeunes
1er	*BO-49	Marché
15e	BE-49	Marché aux Puces
1er	*BO-49	Marché des Capucins
7e	BQ-54	Marégraphe
2e	BF-51	Marins Pompiers
2e	BI-50	Marins Pompiers
13e	BI-36	MDI (Maison du Développement Industriel)
11e	BS-34	Ministère de l'Interieur
12e	BS-34	Minoterie
1er	*BO-50	Office de Tourisme
11e	BS-37	ORSAC
6e	*BP-50	Palais de Justice
8e	BU-48	Palais des Congrès
8e	BU-48	Palais des Expositions
2e	BL-50	PAM
15e	BC-51	PAM Mourepiane Commerce
2e	BO-50	PAM Saint Cassien
3e	BM-47	Parc d'Artillerie
2e	BM-52	Phare Sainte Marie
12e	BR-43	Pharmacie Militaire
2e	*BN-51*	*Police*
3e	*BN-49	Police
6e	*BP-49	"
7e	*BO-51	"
8e	BY-51	"
10e	BT-45	"
11e	BV-36	"
12e	BO-40	"
15e	BD-48	"
3e	BK-47	Pompiers
3e	BM-49	"
7e	BP-52	"
9e	CE-45	"
11e	BW-32	"
15e	BF-47	"
2e	BH-51	Pont Levis
1er	*BO-48	Poste
1er	*BP-48	"
1er	*BP-49	"
2e	*BM-50	"
2e	BM-51	"
2e	*BN-50	"
3e	BK-48	"
3e	BL-47	"
3e	BM-48	"
3e	BM-48	"
4e	BL-45	"
4e	BN-45	Poste
4e	BO-46	Poste
4e	BP-45	"
5e	BP-47	"
6e	BR-49	"
6e	BP-52	"
7e	BQ-53	"
7e	BU-49	"
8e	BY-50	"
8e	BY-51	"
8e	BZ-56	"
8e	CA-51	"
8e	BS-49	"
9e	BV-47	"
9e	BZ-50	"
10e	BS-46	"
10e	BU-42	"
10e	BU-44	"
10e	BX-45	"
11e	BS-41	"
11e	BS-41	"
11e	BU-33	"
11e	BV-37	"
11e	BU-33	"
12e	BM-41	"
12e	BM-41	"
12e	BO-43	"
12e	BP-39	"
12e	BQ-41	"
12e	BQ-41	"
12e	BR-43	"
13e	BG-36	"
13e	BK-39	"
13e	BK-39	"
13e	BN-35	"
13e	BN-35	"
13e	BN-35	"
14e	BG-44	"
14e	BH-44	"
14e	BI-42	"
14e	BJ-45	"
14e	BI-47	"
15e	AX-46	"
15e	AZ-47	"
15e	BC-46	"
15e	BE-48	"
15e	BJ-49	"
16e	AY-49	"
16e	AY-51	"
16e	AY-52	"
16e	AY-53	"
6e	BQ-49	Préfecture
9e	CD-49	Prison
9e	CF-44	Réservoir
12e	BO-40	"
12e	BO-41	"
13e	BE-34	"
14e	BK-44	"
15e	AV-44	"
15e	BE-49	"
16e	BB-48	Réservoirs
16e	AW-43	Réservoirs
2e	BI-50	Service Sécurité
2e	BF-50	Silo à Sucre
11e	BU-33	Société des Eaux
8e	BV-48	Station d'Epuration
3e	BM-47	Subsistance Militaire
1er	*BP-50	Télécom
8e	BW-50	Télécom

MARSEILLE

Arr.	Carreau	Appellation
16e	BB-51	Terminal à Conteneurs Mourepiane
7e	BO-53	Terrains de Manœuvres
6e	*BP-50	Trésorerie
8e	BS-49	Trésorerie Générale
15e	BA-48	Tuilerie
15e	BA-49	Tuilerie
13e	BH-36	UNIMECA (Centre Inter-Universitaire de Mécanique et Technologie Mécanique)
9e	BY-48	URSSAF
14e	BD-40	Usine de Traitement des Eaux
14e	BH-42	Usine de Traitement des Eaux

Culte

Arr.	Carreau	Appellation
7e	BQ-51	Basilique Notre Dame de la Garde
2e	*BN-51	*Cathédrale Notre Dame de la Major*
11e	BW-37	Chapelle de Nazareth
8e	CB-52	Chapelle du Roi d'Espagne
8e	BW-51	Chapelle Russe
1er	*BO-48	Chapelle Sacré-Cœur
4e	BO-45	Couvent
8e	BT-50	Couvent
8e	BP-44	Couvent de la Compassion
12e	BR-35	Couvent de la Serviane
9e	BV-47	Couvent de la Trinité
11e	BU-31	Couvent de la Visitation
5e	BQ-47	Couvent du Refuge
2e	BN-50	*Eglise*
3e	BL-47	"
4e	BO-47	"
5e	BQ-48	"
6e	BR-49	"
6e	BR-50	"
11e	BS-27	"
11e	BU-33	"
11e	BV-36	"
11e	BX-32	"
12e	BN-39	"
12e	BP-37	"
12e	BR-37	"
13e	BL-43	"
14e	BH-45	"
15e	AV-45	"
14e	BA-47	"
15e	BB-46	"
16e	AY-51	"
16e	AZ-50	"
8e	BU-49	Eglise Arménienne
10e	BW-43	Eglise Arménienne
2e	BN-51	*Eglise de la Vieille Major*
4e	BM-44	Eglise des Chartreux
6e	BQ-49	Eglise des Dominicains
1er	*BP-49	Eglise du Calvaire
1er	*BO-48	Eglise Grecque
1er	BO-48	Eglise Grecque
1er	BN-47	Eglise Russe
2e	BN-51	*Evêché*
4e	BN-43	Immaculée Conception
8e	BV-52	Eglise Jésus Christ des Saints des Derniers Jours
11e	BS-31	la Salette
4e	BO-45	la Visitation
9e	CA-47	Maison du Bon Pasteur
13e	BJ-39	Monastère de la Visitation
8e	BT-48	Notre Dame
11e	BV-27	Notre Dame
14e	BI-47	Notre Dame
15e	BH-48	Notre Dame de Jérusalem
6e	*BQ-50	Notre Dame de Lourdes
2e	BN-50	*Notre Dame des Accoules*
11e	BS-41	Notre Dame des Apôtres
8e	BH-42	Notre Dame des Grâces
8e	BY-52	Notre Dame des Neiges
3e	BM-48	Notre Dame du Bon Pasteur
6e	*BQ-48	Notre Dame du Mont
2e	*BN-50	*Notre Dame du Mont Carmel*
1er	BN-47	Petit Séminaire
8e	BS-49	Sacré Cœur
7e	BR-52	Saint Antoine de Padoue
12e	BP-40	Saint Augustin
12e	BP-42	Saint Barnabé
14e	BJ-44	Saint Barthélémy
1er	BN-50	Saint Cannat
1er	*BN-50	Saint Cannat
7e	BR-53	Saint Cassien
1er	*BP-50	Saint Charles
3e	BL-47	Saint Charles
11e	BU-31	Saint Christophe
10e	BS-47	Saint Défendant
8e	CA-58	Saint Edouard
11e	BJ-39	Saint Etienne
7e	BP-54	Saint Eugène
2e	*BO-50	Saint Férréol
12e	BM-41	Saint Fortuné
6e	BR-51	Saint François d'Assise
7e	BP-53	Saint Georges
8e	BU-50	Saint Giniez
6e	BR-48	Saint Jean Baptiste
9e	CB-46	Saint Jean Bosco
13e	BK-36	Saint Jérôme
1er	BE-45	Saint Joseph
6e	*BO-50	Saint Joseph
9e	CA-46	Saint Joseph du Redon
13e	BL-43	Saint Just
2e	BN-51	*Saint Laurent*
10e	BT-46	Saint Laurent
15e	BC-48	Saint Louis
10e	BU-42	Saint Luc
5e	BP-47	Saint Luc
3e	BK-49	Saint Martin
13e	BG-35	Saint Mathieu
10e	BV-44	Saint Maurice
3e	BK-48	Saint Mauront
5e	BP-47	Saint Michel
6e	*BQ-49	Saint Nicolas
13e	BK-36	Saint Patrice
13e	BN-35	Saint Paul
5e	BR-45	Saint Pierre
4e	BO-46	Saint Pierre Saint Paul
9e	CA-49	Saint Roch
6e	*BQ-49	Saint Sacrément
1er	*BN-49	Saint Théodore
15e	BF-49	Saint Trophime
7e	BP-52	Saint Victor
1er	*BO-48	Saint Vincent de Paul
11e	BU-28	Sainte Agathe
8e	BX-50	Sainte Anne
4e	BP-45	Sainte Calixte
11e	BT-40	Sainte Dominique
9e	BV-46	Sainte Emilie de Vialar
8e	CA-56	Sainte Eusébie
14e	BJ-46	Sainte Madeleine Sophie
9e	BW-47	Sainte Marguerite
14e	BG-43	Sainte Marthe
12e	BQ-35	Sainte Rita
13e	BK-40	Sainte Rose de Lima
4e	BM-46	Sainte Thérèse d'Avila
4e	BL-44	Sainte Thérèse de l'Enfant Jésus
1er	*BP-49	Sainte Trinité
6e	BQ-50	Synagogue
6e	BX-47	Synagogue
1er	*BO-48	Temple
6e	*BP-49	Temple

Enseignement

Arr.	Carreau	Appellation
9e	CF-45	Bibliothèque Universitaire
16e	AX-49	Centre d'Apprentissage
13e	BL-35	Centre de Formation
3e	*BM-49	Centre Universitaire
16e	AW-50	CFP Richebois
15e	BE-48	CFPA
9e	CF-44	CIM (Centre d'Immunologie)
9e	CG-44	Cité Universitaire
9e	CG-45	Cité Universitaire
1er	BN-47	Collège
6e	*BP-50	"
14e	BF-45	"
15e	AY-45	"
16e	AY-49	"
12e	BO-40	Collège A. Chénier
13e	BJ-35	Collège André Malraux
15e	BJ-48	Collège Arenc Bachas
15e	BC-50	Collège Arthur Rimbaud
13e	BJ-42	Collège Auguste Renoir
11e	BW-36	Collège Château Forbin
8e	BS-49	Collège Cluny
9e	BW-48	Collège Coin Joli Sévigné
12e	BQ-44	Collège D. Milhaud
11e	BU-32	Collège de Ruissatel
10e	BU-41	Collège des Bartavelles
9e	BX-45	Collège du Vallon de Toulouse
2e	BN-51	*Collège du Vieux Port*
3e	*BM-48	Collège Edgard Quinet
13e	BJ-42	Collège Edmond Rostand
14e	BI-43	Collège Edouard Manet
15e	AX-47	Collège Elsa Triolet
8e	BW-51	Collège et Lycée H. Daumier
8e	CA-54	Collège et Lycée Marseilleveyre
1er	*BO-48	Collège et Lycée Thiers
11e	BV-37	Collège François Villon
7e	BP-52	Collège Gaston Defferre
14e	BK-45	Collège Gibraltar
14e	BK-46	Collège Henri Vallon

Arr.	Carreau	Appellation
13e	BL-38	Collège Jacques Prévert
2e	*BM-50	Collège Jean François Leca
13e	BK-38	Collège Jean Giono
15e	AZ-47	Collège Jean Moulin
15e	BD-49	Collège Jules Ferry
9e	BY-48	Collège la Grande Bastide
12e	BQ-38	Collège les Caillols
12e	BP-44	Collège Louis Armand
9e	BW-47	Collège Louis Pasteur
14e	BF-45	Collège Massenet
8e	BS-49	Collège Mazenod
8e	BS-50	Collège Monticelli
14e	BH-43	Collège Phythéas
10e	BU-45	Collège Pont de Vivaux
10e	BU-46	Collège Romain Rolland
9e	CB-51	Collège Roy d'Espagne
13e	BK-38	Collège Stéphane Mallarmé
9e	BY-47	Collège Sylvain Menu
10e	BU-46	Collège Vincent Scotto
13e	BI-36	CROUS
9e	CG-45	CROUS
2e	BN-50	Ecole
13e	BL-35	Ecole
13e	BM-35	Ecole
14e	BJ-46	Ecole Clair Soleil
9e	CF-46	Ecole d'Architecture de Marseille Luminy
6e	BR-50	Ecole de Commerce
5e	*BQ-48	Ecole de Médecine
8e	BU-50	Ecole de Provence
5e	*BQ-48	Ecole des Métiers
13e	BN-35	Ecole des Olives
4e	BO-47	Ecole d'Ingénieurs
8e	BV-51	Ecole Nationale de la Danse
8e	CA-54	Ecole Nationale de la Marine Marchande
9e	CF-49	Ecole Supérieure de Commerce
9e	CG-49	Ecole Supérieure des Beaux Arts
13e	BH-41	ENSPM
13e	BI-41	ESCM-IPSOI
9e	CF-44	ESIL (Ecole Supérieure d'Ingénieurs)
12e	BP-42	ESIM
3e	*BM-49	Faculté
1er	*BO-48	Faculté de Droit
5e	BR-44	Faculté de Médecine
15e	AX-45	Faculté de Médecine
3e	*BM-48	Faculté des Sciences
9e	CF-45	Faculté des Sciences
1er	*BN-49	Faculté des Sciences Economiques
13e	BI-41	Faculté des Sciences St Jérôme
9e	CF-44	Faculté des Sports
9e	CF-44	Grand Luminy
8e	CA-56	Groupe Scolaire
8e	CB-57	"
9e	BZ-47	"
9e	CA-46	"
9e	CD-51	"
12e	BM-39	"
14e	BD-39	"
13e	BJ-37	"
15e	AV-44	"
15e	AX-45	Groupe Scolaire

Arr.	Carreau	Appellation
15e	AX-48	Groupe Scolaire
15e	AX-49	"
15e	BA-47	"
15e	BC-46	"
15e	BC-48	"
13e	BL-35	Groupe Scolaire de la Pounche
8e	CA-56	Institut de Formation d'Educateurs
7e	*BP-51	Institut des Sourds-Muets et Aveugles
12e	BP-42	ISBA
12e	BP-42	ISMEA
1er	*BO-49	IUFM
13e	BH-40	IUT
9e	CF-44	IUT-GTR
2e	*BN-50	la Charité
11e	BV-37	LTCB (Lycée Technique Chimie et Biologie)
9e	CE-45	Luminy Biotech
13e	BL-43	Lycée
8e	CA-53	Lycée (Annexe)
10e	BU-44	Lycée Ampère
13e	BH-39	Lycée Antonin Artaud
15e	BA-48	Lycée de la Viste
3e	*BN-48	Lycée Edgar Quinet
15e	AX-52	Lycée et Collège
7e	BP-53	Lycée Jean Baptiste Colbert
10e	BW-44	Lycée Jean Perrin
10e	BU-42	Lycée Marcel Pagnol
6e	*BP-50	Lycée Montgrand
8e	BS-50	Lycée Périer
8e	BZ-53	Lycée Poinso Chapuis
12e	BN-41	Lycée Professionnel Blaise Pascal
11e	BW-35	Lycée Professionnel Camille Juillan
8e	CA-55	Lycée Professionnel des Jeunes Forestiers
8e	BW-50	Lycée Professionnel Frédéric Mistral
8e	CA-51	Lycée Professionnel Hôtelier
15e	BF-48	Lycée Professionnel la Cabucelle
15e	BD-49	Lycée Professionnel la Calade
14e	BG-46	Lycée Professionnel la Floride
15e	BE-46	Lycée Professionnel la Vigie
8e	BX-51	Lycée Professionnel Léau
7e	BP-52	Lycée Professionnel Léonard de Vinci
11e	BU-41	Lycée René Caillié
8e	BN-46	Lycée Saint Charles
15e	BC-49	Lycée Saint Exupéry
6e	*BP-50	Lycée Technique Charles Péguy
13e	BK-41	Lycée Technique Denis Diderot
7e	BR-52	Lycée Technique Jeanne Perrimond
5e	BQ-46	Lycée Technique Marie Curie
9e	BY-45	Lycée Technique Pastré Grande Bastide
7e	BP-52	Lycée Technique Rempart
3e	*BN-48	Lycée Victor Hugo

Arr.	Carreau	Appellation
9e	CF-45	Parc Scientifique et Technologique de Luminy
13e	BI-36	Résidence Etudiants

Espaces Verts

10e	BW-44	Bois Fleuri
8e	BZ-52	Jardin Alfred Sysley
8e	BY-51	Jardin Auguste Renoir
8e	BZ-50	Jardin Bortoli
8e	BW-51	Jardin Botanique
8e	BY-51	Jardin Camille Pissaro
14e	BH-46	Jardin Cl. Nazzi
7e	BO-52	Jardin du Pharo
7e	BO-52	Jardin E. Duclaux
8e	BZ-51	Jardin Edouard Manet
16e	BA-49	Jardin Em. Vitria
8e	BX-53	Jardin Escale Borely
12e	BQ-43	Jardin Félicien Casho
6e	BQ-50	Jardin Germaine Poinso Chapuis
10e	BU-43	Jardin J. Achdjian
15e	BG-49	Jardin Jos. Reihaut
7e	*BO-51	Jardin L. Audibert
7e	BP-51	Jardin P. Puget
4e	BN-45	Jardin Public
8e	BZ-51	Jardin Public
8e	CA-55	Jardin Public Campagne Pastré
10e	BX-43	les Jardins de Flore
11e	BR-33	Nécropole Vaudran
9e	BP-45	Parc Berger
15e	BG-49	Parc Billoux
8e	BW-51	Parc Borély
15e	BA-48	Parc Bregante
8e	BU-49	Parc Chanot
14e	BJ-43	Parc de Font Obscure
11e	BW-30	Parc de la Buzine
8e	BE-49	Parc de la Calade
9e	BW-46	Parc de Maison Blanche
10e	BW-42	Parc des Bruyères
8e	CA-52	Parc du Roi d'Espagne
8e	BV-51	Parc Henri Fabre
10e	BU-41	Parc Saint Cyr
13e	BK-37	Parc Saint Théodore
9e	BX-49	Parc Sévigné
10e	BT-48	Parc Urbain du Vingt Sixième Centenaire
7e	BQ-54	Parc Valmer
2e	BF-50	Square Beauséjour
1er	*BN-49	Square Belsunce
1er	*BN-48	Square de Narvik
1er	*BO-48	Square de Stalingrad
2e	BN-50	Square des Messageries Maritimes
6e	*BP-50	Square Juge P. Michel
3e	BJ-47	Square L. Rathery
1er	*BO-48	Square Léon Blum
8e	*BP-49	Square Pablo Casals
8e	BU-48	Square Paul Mélizan
2e	BN-51	Square Protis
1er	*BP-48	Square Yves Montand

Musées - Monuments - Culture

7e	BO-55	Aquarium
1er	*BN-49	Arc de Triomphe
7e	BO-52	Bas Fort Saint Nicolas
7e	BP-55	Batterie de Malmousque

MARSEILLE

Arr.	Carreau	Appellation
3e	BM-46	Belle de Mai Pôle Audiovisuel
3e	BK-49	Bibliothèque
1er	*BO-48	"
8e	BY-51	"
14e	BI-43	"
9e	CF-45	Bibliothèque Universitaire
11e	BW-30	Château
13e	BK-40	Château Belmont
8e	BW-52	Château Borély
16e	AW-52	Château Bovis
14e	BC-44	Château de Fontainieu
13e	BM-37	Château des Martegaux
8e	CB-55	Château Pastré Musée de la Faïence
8e	BW-49	Cité Radieuse Le Corbusier
1er	*BO-48	Conservatoire et Musée des Beaux Arts
4e	BM-44	Dôme Zénith
8e	BN-52	Espace Saint Jean
2e	BM-50	Exposition Grotte Cosquer
8e	CD-60	Fort
7e	BO-52	Fort d'Entrecasteaux
8e	BN-52	Fort Saint Jean
7e	BO-52	Fort Saint Nicolas
13e	BC-37	Grotte Loubière
8e	BO-49	Jardin des Vestiges
2e	BN-52	Mémorial des Camps de la Mort
8e	BN-52	Monument aux Héros de la Mer
7e	BP-54	Monument aux Morts d'Orient
7e	BT-53	Monument aux Rapatriés
13e	BG-35	Musée
6e	BP-50	Musée Cantini
2e	BN-50	Musée César
8e	BY-51	Musée d'Art Contemporain
1er	*BO-50	Musée de la Marine
1er	*BO-49	Musée de la Mode
13e	BJ-43	Musée de la Moto
2e	BN-50	Musée des Arts Africains, Océaniens et Amérindiens
2e	BN-51	Musée des Docks Romains
1er	*BO-49	Musée d'Histoire
7e	*BP-51	Musée du Santon
1er	BO-46	Musée G. Labadié
4e	BN-46	Muséum
4e	BN-46	Observatoire
1er	*BP-50	Opéra
7e	BN-52	Palais du Pharo
4e	BN-46	Palais Longchamp
13e	BC-34	Palama Château
1er	*BO-49	Remparts
2e	BL-50	Silo
8e	BV-53	Statue de David
8e	BV-53	Stèle Gaston Defferre
13e	BJ-36	Théâtre Athéna
1er	BO-49	Théâtre du Gymnase
8e	BM-46	Théâtre en Friche
2e	BN-51	Théâtre Grec
7e	*BO-51	Théâtre National de Marseille "La Criée"
7e	BQ-54	Théâtre Sylvain

Santé - Assistance

Arr.	Carreau	Appellation
12e	BQ-36	Aérium de Montsabert
15e	BD-49	AFPA
4e	BM-45	Asile des Chartreux
8e	BZ-50	Asile des Petites Sœurs des Pauvres
14e	BH-44	Asile des Petites Sœurs des Pauvres
11e	BU-26	Association Départementale pour la Sauvegarde de l'Enfance
13e	BF-37	Centre de Gérontologie
9e	CA-48	Centre de Réadaptation
8e	BZ-56	Centre de Thalassothérapie "le Grand Large"
13e	BF-38	Centre d'Handicapés
11e	BS-29	Centre FPA
15e	AW-45	Centre Psychothérapique
9e	BX-47	Centre Régional de Lutte Anticancéreuse
14e	BE-44	Centre St Raphaël
11e	BU-28	CEPDA la Remusade
5e	BR-46	CHU
4e	BN-44	Clinique
8e	BY-52	"
9e	BZ-46	"
9e	CA-48	"
11e	BU-29	"
11e	BV-30	"
12e	BO-35	"
12e	BS-34	"
13e	BG-38	"
10e	BT-45	Ecole d'Infirmières
11e	BU-29	Etablissement Thermal
14e	BC-45	Foyer de l'Enfance
12e	BO-38	Foyer Roches Vertes
13e	BK-41	FPA
6e	BR-48	Hôpital Ambroise Paré
8e	BQ-47	Hôpital de la Conception
5e	BR-46	Hôpital de la Timone
2e	*BN-50	Hôpital de l'Hôtel Dieu
15e	AV-45	Hôpital Edouard Toulouse
15e	BD-49	Hôpital H. Boigny
13e	BK-41	Hôpital Militaire lave-ran
15e	AW-45	Hôpital Nord
2e	BM-50	Hôpital P. Desbief
10e	BT-45	Hôpital Psychiatrique
11e	BS-36	Hôpital Psychiatrique Valvert
8e	BT-48	Hôpital Saint Joseph
13e	BJ-39	Hôpital Saint Joseph
9e	BY-47	Hôpital Sainte Marguerite
9e	BX-46	Hôpital Salvador
11e	BS-30	Institut des Cigales
11e	BU-30	Institut des Hirondelles
12e	BP-33	Institut Médico Pédagogique
13e	BE-34	Institut Médico-Pédagogique
7e	BO-52	Institut Pasteur
2e	*BN-50	la Charité
9e	CA-47	Maison de Convalescence
12e	BN-43	Maison de Retraite
13e	BM-36	Maison de Retraite

Arr.	Carreau	Appellation
7e	BS-52	Maison de Retraite le Soleil
11e	BW-30	Maison d'Enfants de la Reynarde
14e	BJ-44	Maison Hospitalière St Jean de Dieu
14e	BE-39	Maisons d'Enfants
4e	BN-43	Maternité
3e	BL-46	Maternité Belle de Mai
8e	BW-50	Orphelinat
9e	BY-45	"
13e	BM-42	"
9e	CB-45	Polyclinique Clairval

Sports et Loisirs

Arr.	Carreau	Appellation
12e	BN-41	Auberge de Jeunesse
7e	BO-52	Bowling
8e	BX-53	Camping
12e	BR-36	Centre d'Entrainement de Football
8e	CA-56	Centre Equestre Pastre
7e	BO-53	Centre Nautique Marseillais
8e	BW-52	Champ de Courses
10e	BT-44	Champ de Courses
7e	BO-52	Club Nautique Marseillais
3e	BK-49	COSEC Ruffi
15e	BI-48	Dojo
8e	BU-53	Ecole de Voile
8e	BX-53	Escale Borely
9e	CG-45	Gymnase
9e	CE-46	"
13e	BK-40	"
14e	BF-45	"
15e	AY-45	"
8e	BU-51	Manèges
8e	BU-48	Palais des Sports
9e	BV-48	Palais des Sports
1er	BN-47	Piscine
3e	BJ-48	"
4e	BP-45	"
7e	BS-54	"
8e	BV-50	"
8e	BY-56	"
8e	BZ-51	"
9e	BY-48	"
9e	CD-46	"
10e	BU-44	"
11e	BW-29	"
11e	BV-38	"
12e	BN-38	"
12e	BN-40	"
12e	BQ-44	"
13e	BH-38	"
13e	BJ-41	"
13e	BL-40	"
14e	BE-45	"
14e	BH-44	"
15e	AX-45	"
15e	BD-49	"
16e	AY-49	"
4e	BP-45	Salle Omnisport
8e	BV-52	Skating Park
3e	BM-46	Stade
4e	BP-45	"
8e	BT-51	"
8e	CA-54	"
9e	CE-46	"
9e	BV-47	"
10e	BT-43	"
11e	BU-41	Stade

Arr.	Carreau	Appellation
12e	BR-39	Stade
14e	BH-41	"
14e	BI-44	"
15e	AZ-44	"
15e	AZ-46	"
15e	BB-49	"
15e	BE-48	"
9e	CA-48	Stade A. Eyraud
12e	BN-39	Stade Beaumont Bombardière
12e	BN-41	Stade Bois Luzy
8e	BX-52	Stade Bonneveine
12e	BR-37	Stade Caillols
15e	BD-49	Stade Campagne l'Evêque
14e	BG-46	Stade Canet Floride
8e	BV-49	Stade Caujolles
15e	BJ-48	Stade Charpentier
13e	BK-45	Stade Chutes Lavie
13e	BG-36	Stade de Gombert
13e	AX-45	Stade de la Martine
11e	BT-41	Stade de la Pomme
16e	AX-54	Stade de l'Estaque
8e	BV-52	Stade de l'Huveaune
8e	BU-48	Stade Delort
8e	BC-47	Stade des Aygalades
13e	BI-41	Stade du Merlan
12e	BP-36	Stade Esperanza
13e	BL-38	Stade Frais Vallon
9e	BX-46	Stade Francine Loo
8e	BJ-45	Stade G. Philibert
15e	BB-45	Stade Gherzo
8e	BV-48	Stade Gustave Ganay
7e	BO-53	Stade Henri Tasso
8e	BW-51	Stade Jean Bouin
11e	BW-32	Stade La Maussane
11e	BV-34	Stade La Ravelle
12e	BP-40	Stade La Rosière
9e	BZ-49	Stade Le Cesne
11e	BV-27	Stade Les Camoins
15e	AY-46	Stade l'Hermitage
13e	BH-38	Stade Mallet
13e	BJ-41	Stade Malpassé
12e	BR-37	Stade Manelli
14e	BH-44	Stade Marcel Geoffroy
11e	BV-40	Stade Michelis
10e	BU-47	Stade Montfuron
8e	CA-57	Stade Montredon
13e	BN-34	Stade Olives Henri Tasso
10e	BV-44	Stade Pont de Vivaux
8e	BV-49	Stade René Magnac
15e	BE-45	Stade Roger Couderc
13e	BK-40	Stade Rose Fuveau

Arr.	Carreau	Appellation
13e	BJ-37	Stade Rose Rolandin
16e	AZ-50	Stade Saint André
9e	BX-45	Stade Saint Fronc Régny
14e	BJ-45	Stade Saint Gabriel la Marine
16e	AY-51	Stade Saint Henri
12e	BQ-42	Stade Saint Jean du Desert
15e	BE-46	Stade Saint Joseph
15e	BB-48	Stade Saint Louis Rive Verte
10e	BU-42	Stade Saint Loup
11e	BV-36	Stade Saint Marcel
12e	BP-44	Stade Sainte Elisabeth
12e	BN-39	Stade Senafrica
15e	BE-48	Stade Spat
7e	*BQ-51	Stade Tellène
4e	BP-45	Stade Vallier
8e	BV-49	Stade Vélodrome
13e	BK-43	Stade Weygand
8e	BV-48	Stades
9e	CG-45	"
11e	BX-31	"
13e	BJ-38	"
13e	BH-37	"
11e	BY-30	Stades de Saint Menet
12e	BO-34	Stand de Tir
8e	BU-51	Tennis
8e	BV-48	"
9e	BW-49	"
9e	CD-46	"
10e	BW-44	"
12e	BN-40	"
12e	BQ-37	"
12e	BQ-41	"
14e	BH-41	"
14e	BI-44	"
15e	BE-48	"
13e	BO-35	Vélodrome des Olives

Transports

Arr.	Carreau	Appellation
5e	BR-48	Baille (métro)
5e	BL-45	Blancarde (tramway)
15e	BJ-49	Bougainville (métro)
5e	*BP-48	Bruys (tramway)
6e	BR-49	Castellane (métro)
4e	BN-45	Chartreux (métro)
4e	BO-46	Cinq Avenues Longchamp (métro)
2e	*BN-49	Colbert (métro)
3e	BL-49	Désirée Clary (métro)
5e	BP-47	Escoffier (tramway)

Arr.	Carreau	Appellation
6e	*BP-50	Estrangin (métro)
5e	BP-47	Eugène Pierre (tramway)
13e	BL-40	Frais Vallon (métro)
11e	BT-40	Gare
11e	BV-36	Gare
15e	BD-47	Gare
16e	AY-50	Gare
16e	AX-52	Gare de l'Estaque
16e	BA-51	Gare de Mourepiane
14e	BH-48	Gare du Canet
2e	BK-50	Gare Maritime
2e	BN-51	Gare Maritime Internationale
2e	BL-50	Gare Maritime Nationale
4e	BM-43	Gare Routière
1er	*BN-48	Gare Saint Charles (métro)
1er	*BN-48	Gare Saint Charles
5e	BP-46	George (tramway)
5e	BQ-45	Jean Martin (tramway)
2e	BM-50	Joliette (métro)
2e	*BN-49	Jules Guesde (métro)
13e	BJ-38	La Rose (métro)
5e	BR-46	La Timone (métro)
13e	BL-42	Malpassé (métro)
3e	BK-49	National (métro)
1er	*BO-49	Noailles (tramway)
1er	*BO-49	Noailles (métro)
6e	*BP-49	Notre Dame du Mont (métro)
8e	BS-49	Périer (métro)
1er	*BO-48	Réformés-Canebière (métro)
8e	BU-49	Rond Point du Prado (métro)
4e	BM-43	Saint Just (métro)
5e	BR-44	Saint Pierre (tramway)
9e	BV-47	Sainte Marguerite-Dromel (métro)
5e	BR-45	Sainte Thérèse (tramway)
2e	BL-50	Terminal Passagers
2e	*BO-50	Vieux Port (métro)

Zones d'Activités

Arr.	Carreau	Appellation
14e	BG-45	Marché d'Intérêt National
13e	BI-36	Technopole de Marseille Provence
11e	BV-31	Z I de la Valentine
16e	AW-56	Zone Industrielle

ALLAUCH

Carreau Appellation

ALLAUCH
Code Postal : 13190
Population : 18 907 hab.

plan pages 39 à 40

A
BL-31 Affeirage (ch. de l')
BM-30 Aillaud (des Frères)
BI-29 Allende (av. Salvador)
BJ-28 Amandier (ch. de l')
BL-30 Ampère (av.)
BN-31 Aubagnens (av. des)
BM-32 Aubagnens (les) (quartier)

B
BH-26 Banaste (ch. de la)
BR-28 Barbaraou (ch. de)
BQ-29 Barbaraou (quartier)
BM-31 Baron Merle (du Colonel)
BM-34 Bartavelles (des)
BM-31 Barthélémy (bd)
BN-31 Bauquière (ch. de la)
BM-30 Beau Rêve
BM-34 Beaume Sourne
BM-30 Bel Air
BM-30 Béléou (pl. Pierre)
BP-31 Bellevue (ch. de)
BP-31 Bellevue (quartier)
BQ-26 Bellons (les) (quartier)
BM-30 Bellot (pl. Pierre)
BM-30 Bergère (de la)
BM-30 Bergère (pl. de la)
BK-32 Blacassins (ch. des)
BM-30 Bœuf (Joseph)
BJ-28 Bon Encontre (quartier)
BI-29 Bon Rencontre (ch. de)
BM-30 Bordet (Jean)
BI-26 Bourdonnière (la) (quartier)
BM-30 Brunet (bd Louis)
BJ-30 Burdelles (ch. des)
BL-30 Busquetiers (ch. des)

C
BK-29 Caguerasset (ch. de)
BM-30 Calade (ch. de la)
BM-30 Calade (imp. de la)
BJ-28 Calèche (la) (quartier)
BJ-28 Calèche (mont. de la)
BM-30 Camoins (Augustin)
BM-30 Camoins (des)
BM-30 Camoins (pl. des)
BK-31 Canton Vert (av. du)
BN-32 Carambot (ch. des)
BK-31 Carme (Louis)
BJ-30 Carnette (imp. de la)
BR-28 Carrérade (ch. de la)
BN-29 Carvelan (quartier)
BL-31 Carvin (trav. E.)
BN-31 Cassaou (ch. du)
BM-31 Cassin (Montée René)
BI-28 Cauvettes (ch. des)
BM-32 Cauvin (ch. de)
BK-33 C'est Ici (trav.)
BM-30 Chapelle des Filles (trav. de la)
BM-30 Chapelle Vieille (de la)
BN-30 Chapelle Vieille (la) (quartier)
BM-30 Chappe (pl. Benjamin)

BQ-32 Charmettes (ch. des)
BR-27 Chassain (mont. Léonce)
BH-29 Chêne (imp. du)
BK-30 Chênes (les) (quartier)
BM-30 Chevillon (Frédéric)
BM-30 Chevillon (pl. Docteur Frédéric)
BO-32 Chiausa (bd Joseph)
BK-30 Cigales (ch. des)
BK-30 Cigales (imp. des)
BI-27 Cimetière (ch. du)
BK-28 Claou (le) (quartier)
BK-28 Clau (route du)
BM-31 Collet Blanc (ch. du)
BM-32 Collets Blancs (les) (quartier)
BM-30 Comète (imp. de la)
BP-29 Craie (mont. de la)
BH-26 Cucca (av. Etienne)
BM-30 Curie (Pierre)

D
BL-33 Delestrade (bd Marcel)
BO-31 Delestrade de la Salle (ch. Louis)
BI-28 Deleuil (Louis)

E
BH-26 Eclipse (de l')
BO-31 Embucs (les) (quartier)
BP-33 Enco de Botte (de) (quartier)
BP-33 Enco de Botte (route d')
BP-33 Enco de Pont (bd d')
BP-33 Enco de Pont (quartier)
BM-33 Esprit Julien (ch.)
BM-30 Etoiles (montée des)
BP-32 Evêché (ch. de l')

F
BK-28 Ferme Peisso (ch. de la)
BM-30 Figuier (imp. du)
BP-30 Fontvieille (quartier)
BH-26 Forêt (ch. de la)
BM-30 Frères Olivier (mont. des)

G
BI-27 Garachin (mont. du)
BM-34 Gargonnes (ch. des)
BM-30 Garlaban (ch. de)
BG-28 Gaspates (ch. des)
BL-30 Gaulle (av. du Général De)
BN-30 Gayedon (quartier)
BM-30 Génats (des)
BM-31 Giono (av. Jean)
BN-32 Gipières (ch. des)
BJ-29 Gonague (ch.)
BM-30 Grand Rue
BH-26 Grands Louis (ch. des)
BI-26 Grands Louis (les) (quartier)
BM-31 Grands Vents (all. du)
BM-31 Gregaou (all. du)
BN-30 Guéridon (ch. du)
BN-30 Guéridon (imp. du)
BJ-28 Guyonnet (ch. du Capitaine)

H
BM-30 Hetzel (Pierre)

J
BJ-29 Jarret (trav. du)
BM-30 Jeunesse (de la)
BM-30 Jouve (Léon)

L
BP-33 Langouste (imp. de la)
BP-33 Langouste (trav. de la)
BL-31 Largado (all. du)
BK-30 Lavoisier (av.)
BL-29 Leclerc (av. du Général)

BM-30 Liberté (de la)
BL-29 Liliane (av.)
BM-30 Lisette
BI-28 Logis Neuf (le) (quartier)
BP-32 Lou Mas (trav.)
BI-28 Louis (Etienne)

M
BK-29 Malou (bd)
BL-34 Martin (av. Ange)
BP-32 Maujano (trav.)
BP-32 Maurin (bd André)
BJ-29 Maurin (trav.)
BH-25 Maurins (ch. des)
BM-33 Merle (ch. Laurent)
BM-30 Michels (des)
BM-30 Michels (pl. des)
BL-32 Mille Ecus (des)
BM-32 Milon (ch. Marius)
BP-32 Miougrano (trav.)
BM-30 Mireille
BM-30 Mistral (pl. Frédéric)
BL-31 Mistraou (all. du)
BJ-28 Monsabert (av. du Général)
BL-31 Montagnero (all. du)
BO-29 Montespin (ch. de)
BQ-29 Montespin (quartier)
BH-30 Monts Blancs (av. des)
BH-27 Mordeau (ch. de)
BH-28 Moulin (av. Jean)
BM-30 Moulins (des)
BM-31 Moulins (les) (quartier)
BM-31 Moulins (pl. des)
BM-30 Mûrier (imp. du)

N
BM-30 Notre Dame
BH-30 Notre Dame des Anges (ancien chemin)
BG-28 Notre Dame des Anges (ch. de)
BM-30 Notre Dame du Château (mont.)

O
BM-34 Olive (ch. Lucien)
BL-34 Olive (imp. des)
BM-30 Onze Novembre (cours du)

P
BN-30 Pagnol (av. Marcel)
BH-26 Paix (bd de la)
BM-30 Pasquiers (des)
BL-29 Pasteur (bd)
BL-30 Paul (bd)
BM-30 Pénitents Bleus (des)
BL-31 Pie d'Autry (imp. de)
BM-30 Pilon (du)
BK-33 Pinède (imp. de la)
BJ-30 Plaines (ch. des)
BL-33 Pont Neuf (imp. du)
BO-32 Poucet (ch. du)
BM-34 Pounche (ch. des)
BL-33 Pounche (la) (quartier)
BM-34 Provence (av. de)

Q
BO-30 Quatre Saisons (route des)
BM-30 Queirel (Pierre)

R
BK-32 Ragone (bd Agniel)
BM-30 Rambert (Fernand)
BH-29 Rampins (ch. des)
BI-28 Rampins (ch. des)
BI-29 Rampins (les) (quartier)
BK-31 Rascous (ch. des)

Carreau Appellation

BJ-30 Rascous (les) (quartier)
BN-33 Renardière (ch. de la)
BM-30 République (pl. de la)
BN-33 Ribarrière (ch. de la)
BJ-29 Ricard (trav. Victor)
BI-27 Rima (av. Lei)
BL-30 Risler (Georges)
BM-30 Robert (Henri)
BM-30 Rochers (des)
BM-30 Roque (av. Jean)
BH-28 Routabaou (ch. de)

S

BP-30 Saint Jean (ch. de)
BL-30 Saint Roch (quartier)
BL-31 Sainte Anne (imp.)
BK-31 Sainte Euphémie (av. de)
BQ-31 Salette (trav. de la)
BK-28 Sambles (vallon des)
BJ-29 Sauvaire (bd Marcel)
BL-32 Septième Tirailleurs (av. du)
BM-31 Souvenir Français
(belvédère du)
BI-29 Sure (ch. de la)

T

BL-30 Tardinaou (ch. de)
BL-30 Tardinaou (hameau de)
BJ-30 Tardinaou (imp. de)
BL-31 Tasso (bd Henri)
BM-30 Tiran
(mont. Jean Baptiste)
BL-32 Tirane (bd de la)
BL-33 Toits de la Pounche (les)
(quartier)
BL-31 Tourres (les) (quartier)
BM-30 Tramontane
BM-30 Treille (la)
BM-30 Trinière (ch. de la)
BP-33 Trois Lucs (trav. des)
BM-31 Trou du Loup (ch.)
BN-33 Tuilière (la) (quartier)
BL-32 Tuyas (all. des)

V

BM-31 Va à la Fontaine (ch.)
BK-33 Vallon Vert (av. du)
BI-28 Vaterstetten (av.)
BP-33 Vicari (imp. Roger)
BH-26 Vieille Fève (ch. de la)
BM-30 Vieux Four (pl. du)
BO-31 Voland (bd Gabriel)

EDIFICES PUBLICS

Administrations et Services

BN-31 Ateliers Municipaux
BM-30 Cimetière
BK-29 Cimetière de Caguerasset
BI-27 Cimetière de la Bourdonnière
BP-31 EDF
BM-30 Mairie
BM-30 Mairie Annexe
BH-28 Maison de Quartier
BN-30 Maison des Jeunes
BM-31 Office de Tourisme
BM-30 Police
BI-28 Poste
BM-30 Poste
BH-28 Réservoir
BH-29 Réservoir
BM-34 Réservoir

Carreau Appellation

BM-29 Réservoirs
BO-31 Services de l'Equipement
BM-29 Usine Electrique

Culte

BM-30 Chapelle Notre Dame du Château
BH-27 Saint Laurent
BM-30 Saint Sébastien

Enseignement

BM-30 Ecole
BH-28 Groupe Scolaire
BL-30 Groupe Scolaire
BL-32 Groupe Scolaire
BO-33 Groupe Scolaire

Musées - Monuments - Culture

BM-31 Anciens Moulins
BP-30 Château
BN-29 Château de Carlevan
BM-30 Musée du Vieux Bassin

Santé - Assistance

BL-32 Hôpital
BM-30 Maison de Retraite

Sports et Loisirs

BK-30 Complexe Sportif
BP-30 Golf
BM-30 Salle Polyvalente
BI-27 Stade
BL-30 Stade
BO-33 Stades Port Autonome
BL-30 Tennis
BM-31 Tennis

Zones d'Activités

BO-30 Parc d'Activités

PENNE-SUR-HUVEAUNE (LA)

Code Postal : 13821
Population : 6 005 hab.

plan page 40

A

CB-29 Acacias (les) (quartier)
CA-28 Aludons (all. des)
BZ-29 Amandiers (all. des)
BY-29 Antonetti (av. C.)
CA-28 Arbousiers (all. des)
CA-30 Arcades (ch. des)
CA-30 Arcades (les) (quartier)

B

BZ-29 Bastides (trav. des)
BY-29 Bastidonne (la) (quartier)
CA-31 Béal (bd du)
CA-30 Beausoleil (av.)
CA-29 Bégonias (all. des)
CB-28 Belle Pierre (all.)
CB-29 Bocage (bd du)
CB-29 Bocage (le) (quartier)
BZ-29 Borie (ch.)
BZ-28 Bourgade (ch. de la)

Carreau Appellation

CA-29 Bourgade (mont. de la)

C

BZ-31 Cabrier (ch. du)
CA-28 Cades (all. des)
CB-28 Cammi (ch. F.)
CB-29 Canal (all. du)
BZ-31 Candolles (bd des)
BZ-29 Capucines (all. des)
CA-29 Carrière (mont.)
CA-28 Catarinettes (all. des)
CA-29 Chautard (bd)
CA-29 Cigales (all. des)
CA-28 Collet (ch. de)
BZ-30 Colombe (all. de la)
CB-28 Coquelicots (les) (quartier)
CA-29 Cyprés (av. des)

D

CA-29 Dahlias (all. des)

E

BZ-29 Eglise (pl. de l')
BZ-29 Eglise (pl. de l')
BZ-31 Estamaire (ch. de l')

F

CB-28 Fauvettes (all. des)
CA-28 Feuilleraie (all. de la)
CA-30 Fleurs (imp. des)

G

BZ-29 Gare (bd de la)
BZ-30 Gaulle (espl. Charles De)
CA-28 Genêts (all. des)
CB-28 Géraniums (all. des)
CB-28 Giacomi (all.)
CB-28 Giono (all. Jean)
CA-29 Glaïeuls (all. des)
BZ-30 Grande Candolle (de la)
CB-28 Grands Pins (ch. des)
CC-28 Grands Pins (les) (quartier)
BZ-31 Grégau (ch. du)
BY-29 Grimpette (mont. de la)
CA-29 Grosso (all.)

H

BZ-29 Hortensias (all. des)
CA-28 Huve (all. G.)

J

CA-30 Jacinthes (all. des)
BZ-30 Jas des Candolles (le)
(quartier)
CA-29 Jasmins (all. des)
CB-29 Jeanne d'Arc (quartier)
CA-29 Joyeux (all. des)
CA-29 Julliard (Louis)

L

CB-28 Lilas (all. des.)

M

BY-31 Manoukian (av.)
CB-28 Martelli (all. Jacques)
BZ-31 Mimosas (all. des)
BZ-31 Mistrau (ch. du)

O

BY-29 Olive (ch. Louis)
BZ-31 Oliviers (ch. des)
CC-28 Oliviers (ch. des)
BZ-30 Oussekine (mont. Malik)

P

BY-29 Pâquerettes (all. des)
CA-29 Parc Jean Moulin
CA-27 Parpaiouns (all. des)
BZ-31 Passeroses (ch. des)
BZ-30 Patiare (du)
BZ-29 Paya (mont. Charles)

PENNE-SUR-HUVEAUNE (LA)

Carreau Appellation

CA-27 **Pehau** (all. Roger)
BZ-29 **Pellegrin** (pl. Jean)
CC-28 **Perpigane** (ch. de)
CA-29 **Pinède** (all. de la)
BZ-29 **Plan** (le) (quartier)
CA-29 **Ponsons** (imp. des)
CA-29 **Ponsons** (les) (quartier)
CA-29 **Ponsons** (mont. des)
CA-30 **Pourrière** (Jacqueline)
BZ-30 **Presbytère** (du)

Q

CB-28 **Queirade** (ch. de la)

R

CB-29 **Raine** (all.)
BZ-29 **Raybier** (all. Jean)
BZ-31 **Restanques** (ch. des)
BZ-31 **Restanques** (les) (quartier)
CA-30 **Retord** (ch.)
BZ-29 **Robion** (ch. Noël)
CB-28 **Romarins** (all. des)
BY-29 **Rosiers** (imp. des)
CB-29 **Rousseau** (bd Jean Jacques)

S

BY-29 **Saint Lambert** (ch. de)
CA-28 **Saules** (all. des)
CA-27 **Saver** (bd Henri)
CA-28 **Sorbiers** (les) (quartier)
BZ-31 **Souvenir Français** (pl. du)
BZ-30 **Stade** (all. du)
BY-29 **Stajano** (ch. P.)

U

BZ-29 **Uras** (all. Eraldo)

V

BY-29 **Val Pré** (av.)
CA-30 **Valentin** (imp.)
CB-29 **Vallon du Roy** (bd)
CC-28 **Vallon du Roy** (ch. du)
CB-29 **Vallon du Roy** (le) (quartier)
BZ-31 **Vert** (ch.)
CA-28 **Voltaire** (bd)

EDIFICES PUBLICS

Administrations et Services

CA-30 **Aqueduc**
BZ-30 **Cimetière**
BZ-31 **Cimetière**
BZ-31 **Comité Local Feu de Forêts**
BZ-30 **Contact Jeunesse**
CA-30 **Foyer Loisirs**
BZ-29 **Gare**
BY-31 **Gendarmerie**
BZ-29 **Mairie**
BZ-29 **Poste**
CA-29 **Salle Municipale**
BZ-29 **Services Techniques**

Culte

BZ-30 **Eglise**

Enseignement

CA-30 **Groupe Scolaire Beausoleil**
BZ-31 **Groupe Scolaire J. Prévert**
BZ-29 **Groupe Scolaire Pierre Brossolette**

Carreau Appellation

Musées - Monuments - Culture

CA-29 **Bibliothèque**
BZ-30 **Centre Culturel**
BZ-30 **Château de la Candolle**
BZ-30 **Monument Romain**

Santé - Assistance

CA-30 **Clinique Revitalia**
CA-30 **DDASS**
CA-29 **Maison de Retraite le Bocage**

Sports et Loisirs

BZ-30 **Complexe Sportif G. Camoin**
BZ-30 **Salle la Colombe**
BZ-30 **Tennis**

Zones d'Activités

BY-29 **Acti Parc 1**
BY-28 **Acti Parc 2**
CB-28 **ZAC de la Queirade**
CA-28 **ZAC les Cigales**
BY-29 **Zone Commerciale**
BZ-27 **Zone Industrielle de Braye de Cau**

PLAN-DE-CUQUES

Code Postal : 13380
Population : 10 503 hab.

plan page 41

A

BK-34 **Aicard** (bd Jean)
BH-31 **Aire** (imp. de l')
BI-32 **Alpilles** (des)
BJ-33 **Alsace** (d')
BI-31 **Ambrasis** (les) (quartier)
BI-31 **Ambrosis** (imp. des)
BI-32 **Anciens Combattants** (pl. des)
BI-34 **Annonciade** (l') (quartier)
BH-31 **Antoine** (bd)

B

BH-31 **Bailet** (av. André)
BI-30 **Bajane** (imp. la)
BH-30 **Barbanelles** (les) (quartier)
BJ-34 **Barthès** (bd)
BI-32 **Baudin** (bd)
BJ-34 **Beau Site** (imp.)
BI-33 **Blanc** (all. Roger)
BI-31 **Bleuets** (des)
BI-32 **Bleurettes** (des)
BI-31 **Bleurettes** (pl. des)
BK-33 **Bocage** (du)
BI-32 **Boileaux** (des)
BI-31 **Bompard** (bd)
BJ-31 **Brassens** (G.)
BH-32 **Briands** (les) (quartier)

C

BF-30 **Caban** (ch. de)
BH-32 **Cades** (all. des)
BK-33 **Calvin** (Cesari)
BI-32 **Cassin** (René)
BJ-34 **Catherinettes** (des)
BJ-34 **Catherinettes** (imp. des)
BH-32 **Cavaou** (ch. de)
BI-34 **Cavaou** (promenade du)
BK-33 **C'est Ici** (trav.)

Carreau Appellation

BI-33 **Cézanne** (Paul)
BJ-31 **Chantecote** (all.)
BJ-32 **Chantons** (des)
BK-34 **Chappe** (Marius)
BK-34 **Chauveau** (square Docteur L.)
BJ-33 **Chevillon** (av. Frédéric)
BG-31 **Chique** (mont. de la)
BG-30 **Cigales** (imp. des)
BI-33 **Cigales** (les)
BI-32 **Clemenceau** (Georges)
BG-31 **Coquelicots** (imp. des)
BK-33 **Coubertin** (Pierre De)
BG-31 **Coucou** (imp. du)
BI-33 **Cuques** (des)
BH-31 **Cyprès** (all. des)

D

BH-32 **Daudet** (Alphonse)
BH-33 **Débites** (imp. des)
BG-30 **Debré** (Robert)
BJ-32 **Delestrade** (bd Ange)
BJ-32 **Dix Huit Juin** (du)
BI-32 **Dragons** (des)
BI-31 **Durance** (de la)

E

BI-31 **Elysée** (bd de l')
BK-34 **Engelskirchen** (av.)
BK-34 **Enjolras** (av. Louis)

F

BK-34 **Farcet** (M.)
BK-34 **Figon** (av. Jean)
BI-30 **Figons** (trav. des)
BJ-34 **Floréal**
BI-32 **Font** (bd)
BJ-33 **Foucou** (imp.)
BI-32 **Fouque** (imp. Paul)
BF-31 **France** (bd Anatole)

G

BI-34 **Gaillardet** (imp. du)
BF-31 **Gambetta** (bd)
BH-31 **Gardanens** (mont. des)
BJ-31 **Gauguin** (all. Paul)
BJ-32 **Gaulle** (av. du Général De)
BH-32 **Genêts** (av. des)
BG-31 **Genêts** (imp. des)
BI-32 **Giniez** (bd)
BJ-33 **Giono** (av. Jean)
BG-31 **Grave** (ch. de la)
BG-30 **Guesde** (bd Jules)
BJ-34 **Guynemer** (Georges)

H

BI-30 **Hermitage** (de l')
BJ-32 **Hetzel** (imp.du Gendarme)
BG-31 **Hugo** (bd Victor)

J

BK-34 **Jarret** (trav. du)
BG-31 **Jaurès** (bd J.)
BH-32 **Juin** (av. du Maréchal)

K

BJ-31 **Kindler** (Isidore)

L

BK-35 **Lamberts** (des)
BH-32 **Lauriers Roses** (all. des)
BI-31 **Lavande** (imp. de la)
BI-32 **Leclerc** (av. du Général)
BJ-34 **Libération** (av. de la)
BI-33 **Liberté** (av. de la)
BG-31 **Lion Noir** (bd du)
BJ-33 **Lorraine** (de)
BI-33 **Lou Castellet** (rés.)
BH-32 **Lou Soulei** (lotissement)

LES LIGNES DE BUS

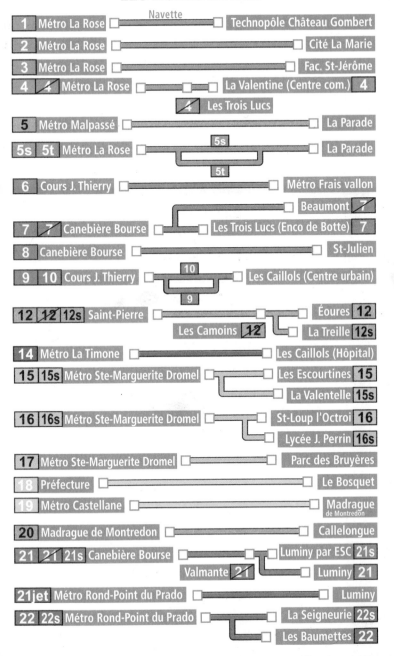

1 Métro La Rose — Navette — Technopôle Château Gombert

2 Métro La Rose — Cité La Marie

3 Métro La Rose — Fac. St-Jérôme

4 Métro La Rose — La Valentine (Centre com.) **4**
4 Les Trois Lucs

5 Métro Malpassé — La Parade

5s 5t Métro La Rose — 5s / 5t — La Parade

6 Cours J. Thierry — Métro Frais vallon

7 Beaumont **7**
7 Canebière Bourse — Les Trois Lucs (Enco de Botte) **7**

8 Canebière Bourse — St-Julien

9 10 Cours J. Thierry — 10 / 9 — Les Caillols (Centre urbain)

12 12 12s Saint-Pierre — Éoures **12**
Les Camoins **12** — La Treille **12s**

14 Métro La Timone — Les Caillols (Hôpital)

15 15s Métro Ste-Marguerite Dromel — Les Escourtines **15**
La Valentelle **15s**

16 16s Métro Ste-Marguerite Dromel — St-Loup l'Octroi **16**
Lycée J. Perrin **16s**

17 Métro Ste-Marguerite Dromel — Parc des Bruyères

18 Préfecture — Le Bosquet

19 Métro Castellane — Madrague de Montredon

20 Madrague de Montredon — Callelongue

21 21 21s Canebière Bourse — Luminy par ESC **21s**
Valmante **21** — Luminy **21**

21jet Métro Rond-Point du Prado — Luminy

22 22s Métro Rond-Point du Prado — La Seigneurie **22s**
Les Baumettes **22**

23 Métro Rond-Point du Prado — Beauvallon

24 Métro Ste-Marguerite Dromel — Vallon du Redon **24s**
24s **24t** — Vaufrèges **24t**
Le Redon **24**

26 Métro Bougainville — La Martine

25 Métro Bougainville — St-Antoine

27 Métro La Rose — Lycée St-Exupéry

28 Métro Bougainville — Les Aygalades

30 Métro Bougainville — La Savine

31 Canebière Bourse — Les Aygalades

32 Canebière Bourse — La Batarelle (Boiserie)
Faculté St-Jérôme **3̶2̶**

33 Canebière Bourse — Fac. St-Jérôme

34 Canebière Bourse — Le Merlan

35 Métro Vieux Port — Plage de Corbières
Estaque Riaux

36 **3̶6̶** Métro Bougainville — La Nerthe **36**
Estaque Gare **3̶6̶**

37 Métro Malpassé — La Batarelle

37s Métro La Rose — La Batarelle

38 Métro Bougainville — Métro Malpassé

39 Métro Frais Vallon — Résidence Fondacle

40 Métro La Timone — Gare d'Aubagne

41 Métro Rd-Pt du Prado — Canebière — Dépôt la Rose
Métro La Rose

42 Métro Bougainville — Canebière — Métro Ste-Marguerite Dromel

44 Métro Rd-Pt du Prado — Roy d'Espagne

45 Métro Rd-Pt du Prado — Marseilleveyre

46 Métro Ste-Marguerite Dromel — Valmante

47 Métro Ste-Marguerite Dromel — Vieille Chapelle

| 48 | Métro Ste-Marguerite Dromel | ▭━━━━▭ | La Rouvière |

Par Cours Joseph Thierry

| 49a 49b | Belle de Mai | Circulaire Belle de Mai |

Par la Joliette

Par Autoroute Est

| 50 | Métro Castellane | ▭━━━━▭ | Les Escourtines |

| 53 | Métro Saint-Just | ▭━━━━▭ | La Busserine |

| 54 | Catalans | ▭━━━━▭ | Saint-Pierre |

| 55 | Vieux Port - Cours Jean Ballard | ▭━━━━▭ | Roucas Blanc |

Ballard

| 57 | Joliette | ▭━━━━▭ | Vauban la Poste |

| 60 | Vieux Port - Cours Jean Ballard | ▭━━━━▭ | N.D. de la Garde |

Ballard

| 61 | Joliette | ▭━━━━▭ | Bompard |

| 67 | Gare de la Blancarde | ▭━━━━▭ | St-Barnabé |

| 70 | Canebière Bourse | ▭━━━━▭ | Lycée St-Exupéry |

| 72 | Métro Bougainville | ▭━━━━▭ | Métro Rond-Point du Prado |

| 73 | Métro Castellane | ▭━━━━▭ | Vallon de l'Oriol |

| 74 | Cours J. Thierry | ▭━━━━▭ | Vallon Montebello |

Canebière

| 80 | Gare de la Blancarde | ▭━━━━▭ | Église d'Endoume |

Canebière

| 81 | Le Pharo | ▭━━━━▭ | Métro St-Just |

Métro Vieux Port

| 83 | Joliette | ▭━━━━▭ | Métro Rd-Pt du Prado |

| 89 | Canebière Bourse | ▭━━━━▭ | Le Canet (J. Jaurès) |

| 91 | Métro La Timone | ▭━━━━▭ | La Pomme |

| 96 | Hôpital Nord | ▭━━━━▭ | Estaque Gare |

Par Autoroute Nord

| 97 | Canebière Bourse | ▭━━━━▭ | Hôpital Nord |

La Bourdonnière

| | | | La Fève 142 |

| 142 143 144 | Métro La Rose | ▭ | La Montade 143 |

| | | | Allauch 144 |

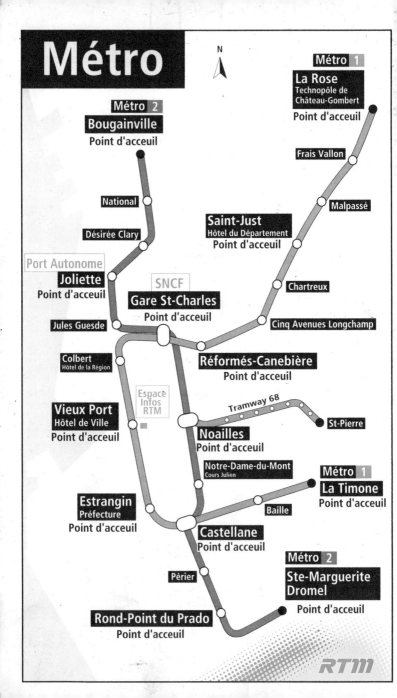